兵战事典 ❽ 欧洲中世纪战士篇

[英] 马丁·多尔蒂 著　王翎 译

生活·讀書·新知三联书店

Simplified Chinese Copyright © 2021 by SDX Joint Publishing Company.
All Rights Reserved.
本作品简体中文版权由生活·读书·新知三联书店所有。
未经许可，不得翻印。

Copyright © 2008 Amber Books Ltd., London
This new edition of Weapons & Fighting Technigues of the Medieval Warrior
published in China is published by arrangement with Amber Books Ltd.
Originally published in 2008 by Amber Books Ltd.

图书在版编目（CIP）数据

兵战事典．8，欧洲中世纪战士篇／（英）马丁·多尔蒂著；王翎译．—北京：生活·读书·新知三联书店，2021.6
ISBN 978-7-108-06860-6

Ⅰ．①兵… Ⅱ．①马… ②王… Ⅲ．①战争史-欧洲-中世纪-通俗读物 ②兵种-欧洲-中世纪-通俗读物 Ⅳ．① E19-49 ② E15-49

中国版本图书馆 CIP 数据核字（2020）第 073768 号

责任编辑　徐国强
装帧设计　康　健
责任校对　陈　明
责任印制　徐　方
出版发行　生活·讀書·新知 三联书店
　　　　　（北京市东城区美术馆东街 22 号 100010）
网　　址　www.sdxjpc.com
图　　字　01-2018-7522
经　　销　新华书店
印　　刷　天津图文方嘉印刷有限公司
版　　次　2021 年 6 月北京第 1 版
　　　　　2021 年 6 月北京第 1 次印刷
开　　本　787 毫米 × 1092 毫米　1/16　印张 13.5
字　　数　180 千字　图 298 幅
印　　数　0,001-6,000 册
定　　价　78.00 元

（印装查询：01064002715；邮购查询：01084010542）

目录

导言	001
骑马战士	013
步兵	089
投射部队	133
攻城武器与工兵部队	167
参考文献	210

导言

大众心目中的中世纪战役场景多半是全副武装的贵族骑士骑着马冲刺厮杀,而队形毫无章法的农民步兵凄惶畏惧地缩在一旁,虽然长弓兵在战争中也发挥了相当的威力,但战役中的主角毫无疑问是领军的贵族骑士,因为他们的成败决定了国家的命运。

德拉克洛瓦(Eugène Delacroix,1798—1863)在19世纪完成的这幅杰作描绘了1356年9月9日普瓦捷(Poitiers)战役中的法王约翰二世(John II,1319—1364),他在此役中被"黑太子"爱德华(Edward the Black Prince,1330—1376)率领的英格兰军队击败

后人会以为中世纪战场上的主角就是骑士也是理所当然，因为不管是描绘战争场景的织锦壁毯或其他可供记录战争景象的文物，全是由贵族阶级委托匠人制造的，这些出资的金主自然会要求匠人将自己绘于场景中央。不过如此描绘也不算是误导，毕竟当时的军队确实是由贵族供养并统率，而出现在壁毯或其他附插画手抄稿本中的大小战事也是因为这些贵族才会发生。

虽然中世纪的多场战事可说并未运用到什么战略，但整场战役中不会只有穿着盔甲的骑士在旷野上打斗。当时的骑士率军上战场不一定是为了取得胜利，更有可能是为了达到某种策略性目标，对敌作战通常是基于政治或经济上的考虑，企图借助突袭敌方并攻占城堡市镇以获取利益。

中世纪对于军事上的"突袭行动"有几种不同的称谓，每种称谓都代表不同的行动方式。进行突袭可能是为了骚扰敌军并打击其士气，或者是引诱敌军前来追击再加以伏击，借助突袭可以显示敌方领主无法保护自己的领土，进而让对方威信扫地、民心渐失。

不过最常见的突袭形式是"大肆劫掠"，一般是将敌方领地上的农作物尽皆毁去，放火焚毁村庄，如此就能降低敌方土地的生产力。这种做法相当野蛮，但在当时却备受称道，因为可以有效削弱敌方的经济能力，也能连带缩减其在军事和政治上的影响力。只要邻近的领主无力供养大量军兵，自家的统治权就会更形稳固。

遭到突袭的领主当然不会坐以待毙，只要发现敌军的踪影，领主就会派出前哨部队迎战，此时通常会发生小规模的前哨战，偶尔也会引发比较大规模的战斗，而负责驱离敌军的部队遭遇行进的敌方部队时也会点燃战火。

大规模的军事行动通常是以占领某个战略性根据地为目标，当时的城镇多半筑有防御工事，很难在短时间之内攻克，可能要经过长达数个月甚至数年之久的攻城战才能成功进占；而被围困的城镇领主会试着突破重围，两军交战的结果会决定城镇将安然脱困或持续遭到围攻。

法国南部的中世纪山城卡尔卡松（Carcassonne）周围的城墙，环绕于墙外的是连绵田野和现代的城市

攻城战事

除了城镇聚落之外,作为军事基地的城堡也很难在短时间内攻占,城堡兼具军事和政治功能,多半建筑在可以控制河流渡口的位置或其他具有战略重要性之处,象征着堡主以及其所效忠的君主的强大权势。

部队如果在行进时途经敌方的城堡,有可能会遭到堡内的驻军出城追击,因此有时为了行军顺利必须先行开路,即使途中的要塞并未妨碍部队前进也要加以攻占。新占领的城堡可能扮演举足轻重的角色,因为城堡可以为部队提供补给,城堡易帜之后周围地区缴纳的钱粮当然也归新堡主所有。

描绘攻城场景的中世纪手抄本插画,图中可见骑士跨越城墙攻击,而农民兵由下方挖掘地道进攻

军事和经济因素之外,攻占城堡也有可能出于政治考虑:如果有国王或贵族连自己的要塞据点都保不住,在政治圈里就会大大丢脸,很难再和其他强大的领主结盟;反过来说,如果有贵族能够攻下敌方的坚固堡垒,表示这名贵族不是普通人物,他的声望也会随之提升。无论在中世纪或之后的时代,战争都是政治工具,富有智谋的国王或贵族会以长远的眼光选择宣战对象,通过战争巩固自身地位。

当时的战役很少以歼灭敌方部队为目标,大多都是为了达到另一个更重要的目的,可能是为了阻止敌军围城或突破己方包围,或是在围攻一地时阻隔前来增援的敌军。当时的领主心知肚明,战争是一时的,是获取或自他人手中抢夺利益的必要手段,但战争不会带来长久的利益,只有政治或经济利益才是长久的。

中世纪的军队主要有四个兵种:骑兵、步兵、投射部队和专业部队,专业部队包括炮兵和主要负责攻城的士兵,由于火炮在战场上运载不便、使用上有所局限,因而归在此类。这四类兵种进行的突袭战、围城战和其他衍生的战役决定了王国的起落兴亡。

当时的攻守战术多半很简单,主要是社会和军事体系使然,组成部队的兵卒通常没有受过多少训练,率领军队的指挥官也几乎没有相关经验,因此根本就不可能运用什么复杂深奥的战术。

1470年使用的勃艮第隼炮；虽然火炮在战场上运送操作仍嫌不便，在1346年克雷西（Crécy）战役中初次登场时也没有带来令人惊艳的战果，但其重要性在往后的战事中仍逐渐提升

此外，贵族或骑士的社会地位和他们在战场上的表现息息相关，因此作战时贵族全都急于展现勇往直前、奋不顾身的气魄，认为自己一定要比同侪看起来更加英武勇猛。在这样的心态之下很难施展什么复杂战术，因为故意拖延会被当作犹豫不决，是懦夫的表现，骑士如果被敌方指控为害怕作战，从此之后不仅晋升无望，也会遭到同侪的轻视和排挤。

如果在场的统帅本身具有强大的威权，能够让其他贵族相信他的号令自有道理，或者强势到可以让其他贵族不敢违背他的指令，那就有可能实行结合不同兵种的协同作战计划，让步兵、骑兵和投射部队发挥最大的效能。不过骑士们常常忍不住松开缰绳冲向敌军，此举可能让原先的部署完全陷入混乱。

法军在克雷西和阿金库尔（Agincourt）的两场战役中就遭遇此种状况，当时法军经过思考后拟定的计策本来有可能奏效，但部分士兵的鲁莽冲动却葬送了全军。

中世纪的军队体制在某种程度上是可以不断延续的，步兵部队由未经训练的农民组成，他们既没有精良的武器也没有穿戴盔甲，能发挥的战斗力有限，因此更加深了只有社会精英阶层组成的部队才可靠的印象，这批精英部队的成员包括骑士阶级和家世背景相当于现代中产阶级的武装骑兵和军士。

这样的军队体制不是在刻意规划之下形成的，而是因应欧洲数百年来的社会变迁而生，通常来说运作得相当良好，尤其是在对战两方的社会背景雷同的情况下。经济和社会因素在军队体制的演变过程中至关重要，战争不会经常发生，当然最好不要成为常态，然而经济和社会秩序却需要长久维系。

基于这些考虑，军队体制需符合的首要条件就是要让领主能够供养得起，而且可以配合太平时期的各种需求，包括征税、执法和应付小规模的突袭。不仅如此，即使当时的经济体系是以小规模农业为主，需要大量士兵的时候，军队体制仍然要在不破坏经济稳定的情况下提供兵员。

在罗马帝国覆亡之后，再也没有领主有能力从欧洲各地征集足够的税金蓄养大批常备军队。中世纪最常见的是封建或部落社会，社会中不同阶层的人民必须效忠领主或部落首领并履行军事保卫等义务，领主需要军队的时候，人民就得带着任何能当武器的工具从军。

有些成员买得起精良的武器与装备，不过一般受到征召前来从军的农民或民兵只能用耕田工具（有些农具颇具杀伤力）或是打猎用的弓当武器。即使领主真的提供了武器和甲胄也相当简陋，可能只是长矛、盾牌和布或皮制的身体护甲。

这群民兵装备简陋又没有受过训练，在战场上能发挥的效能有限，主要的战斗力仍然是领主

1415年阿金库尔战役中法国骑士进攻英格兰军队,图中这一幕是中世纪战场上的常见景象:事实上原野对战的重要性

自行出资供养的亲卫部队,其中成员包含专业或半专业战士,由于马匹和重装盔甲所费不赀,所以部队中装备精良的骑兵人数通常远远少于只有基本配备的步兵。

也因此,中世纪的军队一般以骑兵和领主自家的亲卫步兵或专业步兵组成,前者人数相对较少而后者人数较多,再加上一群前来凑数的民兵或农民,这群匆促成军的民兵所受训练不足而且装备简陋,可说是无足轻重,在两军交战的过程中通常无法发挥什么影响力。

队形与战术

中世纪战场上不会出现复杂的队形,也完全没有必要,因为投射部队需要一定的移动空间才能发射而且多半会摆出相当松散的队形,个别的投射器械会在小队中依据战斗需要停驻或四处移

远远低于攻占城堡和城镇

动：散兵以作战自由度较高的小队编制行动，有利于个别成员在靠近敌军投射或抛掷武器之后迅速撤退。

预备进行肉搏战的小队会排成比较密集的队形，不过密集程度还是受到兵士所持武器的限制，持剑或持斧兵士前方预留的空间必须比持长矛者的更宽，而队形如果太过密集反而会影响战斗。

所用武器也决定了队形的纵深如何配置最为有效，虽然使用手持兵器时只有前排士兵能够和敌军缠斗，但是队形纵深仍然具有特别的效用：一来可以激励士气，士兵知道同袍就在背后看着自己的行动，就更能克服对于战争的恐惧感；二来和敌军短兵相接的时候，纵深配置可以有效承受两军对战的冲击，前排士兵如果被推倒，其他人可以很快替补或伸出援手，己方有人伤亡的时候也能由后排递补兵员。

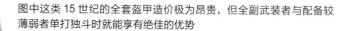
图中这类 15 世纪的全套盔甲造价极为昂贵，但全副武装者与配备较薄弱者单打独斗时就能享有绝佳的优势

持矛或长矛的后排士兵可以越过前排士兵的肩膀或穿过前排士兵之间的隙缝攻击正前方的敌军，只要小队保持队形齐整不散，就能持续朝敌方摆出密集的矛尖阵列。不过碰上崎岖不平或有凹坑的场地，持矛部队的威力就减弱了，因为只要矛尖形成的阵线出现空隙，就很容易给予敌方士兵可乘之机，他们会穿过矛尖之间的空隙与持矛士兵近身肉搏，长矛部队这时就落于下风了。

有时候也会有部队运用特殊队形，比如苏格兰长矛兵会组成略呈矩形的长矛阵队形，士兵以矛尖朝外形成一圈可阻挡骑兵的尖刺墙面，虽然组成长矛阵之后就很难移动，尤其是在地表凹凸不平的时候，但只要长矛兵能维持住队形，即使是骑兵前来攻击也可以顺利抵御。

战场上比较常见的仍属楔形队形，基本上是将军队编排成形似三角形的队形，三角形的尖端处朝向敌军，重装部队部署于外侧，轻装士兵则排列在楔形队伍中间，有助于增加力量和气势。楔形队形另有一种比较复杂的变化队形是将骑兵与步兵混合编组，攻击时由骑兵组成的楔形队伍先冲破敌军的队形，随后的步兵把握机会蜂拥而上。

有时候也会出现步兵与投射部队混合编组的队形，这种队形可以施行的战术有两种：一种是在队形中穿插由步兵和投射部队分别组成的方阵，另一种是将步兵和投射部队混合编组，由一小部分矛兵或其他兵士排成横列保护后方的弓兵或弩兵。这种小队的攻击力不如步兵方阵那么强悍集中，也不像纯粹由弓兵组成的队形可以在短时间万箭齐发，但却拥有不同兵种间可以互相支持的优势，矛兵可以暂时拖住敌方的骑兵和步兵，由投射部队发射箭矢歼灭敌军。

在战场上要摆出复杂的队形需要互信，队伍中所有人都必须相信其他人会恪尽职守，士兵之间的互信可以通过经验或良好训练培养而成，此外领导能力强的统帅也有可能动员或说服手下的各个部队在作战时互

中世纪时英法两国争战不休,这幅1484年的手抄本插画描绘了1436年英格兰士兵被法国骑士逐出巴黎的情景

相配合;虽然当时的部队多半没有受过完善的军事训练,不过还是有几支专业部队在战场上发挥了极佳的成效。

在中世纪的战争里,不管是骑士或农民组成的队伍都不过是并肩作战的一群人,而队伍的特性是由个别人员的个性所主导,因此"个人"在战争中就占了非常重要的地位。而带领不同部队的各个指挥官的性格也同样重要,如果他们能信任彼此或能接受己方统帅的约束,就有可能好好合作;不过由于当时的社会环境使然,有些臣下之间不愿意互相支持,或者不顾主上的命令鲁莽地追求战士的荣耀。

统率全军的总帅当然是战争中至关重要的角色,中世纪崇尚英雄气概,军民都期望总帅能够身先士卒到最前线带领全军,绝对不能躲在后排逃避与敌军近身搏斗的机会;总帅一旦留给人畏缩怕死的印象,不管他的作战技巧再怎么高超,都很难再赢得臣属的尊重和服从了。总帅既是全军的楷模人物,光是将军或国王不幸身亡的传言就足以重重打击士气。然而总帅如果一直在最前线战斗,就算有机会能综观全局,也很难看出个所以然来。

在种种因素的影响下,中世纪的战事绝不像人们平常想象的那样由一群甲胄五颜六色、队形毫无章法的骑士和面黄肌瘦的农民彼此胡乱砍杀,真实的场景往往更加错综复杂,牵涉许多繁复状况和权谋的角力。

客观而言,军队中各个成员从军作战的经验会因为社会阶级不同而有极大的差异。贵族在战场上的表现必须符合同侪对他的期望,不然有可能名声蒙羞;社会阶级居中的武装骑兵和军士必须确认所侍奉的领主注意到自己的英勇表现,才能顺利加官晋爵获得封赏;不附属任何领主的一般士兵也可能因为战场上的表现而获得钱财赏赐或上级的肯定;对于被征召来从军的农民而言,前景就比较渺茫了,他最大的希望是留下小命一条及时赶回家采收农作物。由此可知中世纪的战士不只有单一形象,事实上战场上的兵员来自不同社会阶级,他们应尽的职责和扮演的角色也有所差异。

1191年的阿尔苏夫

英王理查一世(Richard Ⅰ)在中世纪的部队指挥官中算是作风与众不同的一位,他重视军纪而且能够要求部队恪守纪律,在阿尔苏夫(Arsuf)战役中即因此受惠。

这场战役发生在第三次十字军东征途中,当时理查一世统率由大约1200名骑士加骑兵和10000名左右的步兵组成的圣战部队,步兵大多是配备布甲和盾牌的弩兵和矛兵。

十字军面对的伊斯兰军队不仅装备轻便、行动更为敏捷,而且擅长运用诱敌策略,他们会先投射扰敌用的火弹引诱十字军骑士前来攻击,之后就迅速撤退,等前来追击的十字军骑士深入敌境之后孤立无援,就回头截断其退路并群起围攻,十字军因为鲁莽冲动已经吃了好几次败仗。

由于重装骑士座下的马匹无法长时间奔驰,马匹脚力一旦不足,骑士就没办法再持着长矛冲锋,虽然还是保有一定程度的战斗力,但却可能在敌方的大军围攻之下惨遭歼灭;但骑士如果能在冲锋之后退回己方阵地由步兵保护,就能在下次冲锋之前让坐骑有时间休息。

理查一世很清楚关键在于控制住手下的骑士群,一定要等到前方出现确实会被击倒的宝贵目标才让他们放开缰绳杀入敌方阵地,同时派出步兵保护骑士。理查一世将麾下骑士视为可以频频挥出刺

1191年阿尔苏夫战役

理查一世在此役中说服手下的部队(红)采用不同兵种协同作战的策略,骑士行军时由部署在周围的矛兵和弩兵合力保护;理查一世的策略发挥效用,十字军行军途中虽然持续遭到伊斯兰部队(蓝)攻击,但总算安然抵达阿尔苏夫城,十字军骑士也得以在最适合发动冲锋的时机大显身手

杀敌军的宝剑,而不是只能朝敌军投掷一次的巨石。

理查一世的部队由阿卡(Acre)沿海岸朝雅法(Jaffa)前进,途中被为数两倍的敌军阻截,这支部队由当时公认的杰出军事领袖萨拉丁(Saladin)率领。萨拉丁重施故技派出弓骑兵前来骚扰,希望能引诱十字军骑士前来攻击之后再加以围攻。

然而理查一世决心不再上当,他命令部队沿海岸持续往阿尔苏夫城行进,骑士前进时周围有一圈步兵作为屏障,而部队靠海的那侧也可保安全无虞。

十字军持续受到伊斯兰弓骑兵的挑衅攻击,很多步兵身上的铺棉短上衣都插上了数根箭矢,但整个纵队还是谨守纪律、不屈不挠地缓缓向前移动。骑士群虽然对于要躲在步兵的庇护下行进大感不满,但还是服从理查一世的号令。至于步兵则组成协同作战的队伍,矛兵负责抵挡想靠近弩兵的敌方骑兵,让弩兵有时间搭箭射向敌军。

萨拉丁眼见十字军部队在己方弓骑兵的攻击之下还能稳住阵脚,决定让手下的精锐骑兵只要发现对方队形出现任何空隙就强力抢攻,在伊斯兰部队一拨接一拨挡之不及的攻势之下,十字军的行进逐渐变成连续不断的追击战。

十字军且战且行之下终于接近阿尔苏夫城,数百名骑士再也按捺不住,他们从步兵组成的保卫方阵中策马冲出奔向敌军,正是萨拉丁过去几天来希望看到的景象,不过他的部队这时已经有点得意忘形,根本没料到十字军会突然反击,离得最近的士兵首当其冲,丧命于骑士的铁蹄之下。

现在理查一世面临了危机,他如果支持骑士们的行动,有可能会失去整批骑兵部队,但他如果不支持他们,已经冲出去厮杀的那些骑士有可能被截断退路,既然阿尔苏夫城已经在望,也许骑兵在最后这段路向前冲锋刚好可以攻抵城下?也许是因为这样,理查一世决定赌一赌,不过也可能是因为太多骑士跟在莽撞同袍身后冲了出去让他不得不赌。

无论实情如何,在第一批骑士冲出去之后,理查一世又派出第二批骑士,当前锋部队抵达阿尔苏夫城时,理查一世也亲自率领还留在身边的骑士杀入敌阵。伊斯兰部队就在几乎全无准备的状况下连续遭受三拨重装骑士的猛烈攻击,很快就溃不成军四处逃窜。

阿尔苏夫行军不仅证明了良好军纪和跨兵种

人称"狮心理查"的英王理查一世(1157—1199),富有谋略且颇孚众望,能够驾驭手下冲动的骑士

联合作战策略的威力,也昭示即使中世纪时的军队通常毫无纪律可言,智勇双全的领导者仍旧能够运筹帷幄取得胜利。值得注意的是此战最后虽然是由骑兵部队发动致命攻击,不过也是由于步兵和投射部队的英勇坚毅才能为骑兵制造最后冲锋的宝贵机会。

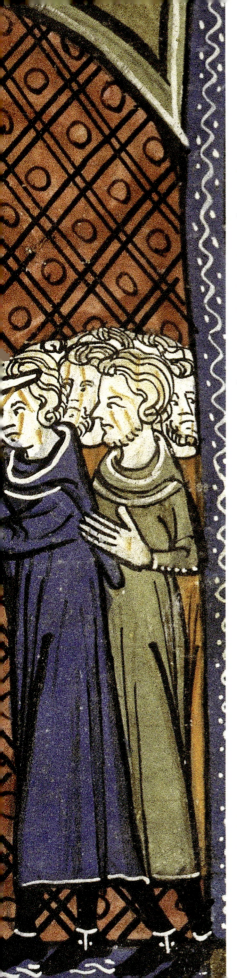

骑马战士

骑兵是中世纪的战斗主力,而很多人想象中的"中世纪"也的确充满全身板甲的骑士手持长矛互相冲杀的景象,然而在好莱坞包装出的电影形象之下,中世纪骑兵的真实面貌值得我们细细探究。

此幅中世纪插画描绘 13 世纪早期奉教皇英诺森三世(Innocent Ⅲ)之命组成"艾伯塔十字军"的骑士,他们正要攻击被视为异端的净化派(Cathari)信徒,骑士穿戴的锁子甲和全罩式头盔在画中清晰可见

很多骑士身上的装备其实没有一般想象的那么笨重，盔甲材质一直要到中世纪后期才因为防护需求提高而逐渐改用金属板，同理，骑士所用的繁复纹章图案也是经过漫长岁月才演变而来的。

虽然各个时代和地区都曾出现武装骑兵，但"骑士"这种身兼战士的贵族身份是特定地区才有的社会阶级，可说是因应社会制度和军事需求而形成，在当时的战事中占有举足轻重的地位。

中世纪时期当然也有其他种类的骑兵，有些是为了支持骑士，有些专门抵御骑士，还有一些具有与骑士相似的功能但类型不同。

历史回顾

早期的马匹比较瘦弱，没办法承受兵员的重量，只能在运送辎重、侦察敌情或传递情报时加以利用。这时候的"骑兵"指的是由二或四匹或更多马匹拉的双轮战车，类似行动快速的战斗平台，车上搭载的二到四人可以用矛或剑攻击敌方，轮上还可加装刀刃，不过激励士气的象征意义大于杀伤敌军的实际意义。

两轮战车最常见的功用是载送弓兵快速移位，一旦敌军手持武器攻近就能很快撤离原地，有时候战车上的士兵也会下车与敌军搏斗，必要时再退回车上火速撤退。

图中所示为一名罗马将军墓上的浮雕，由此可知公元2世纪时罗马军队已经慢慢改以骑兵为主力部队

1100年的盎格鲁－诺曼骑士

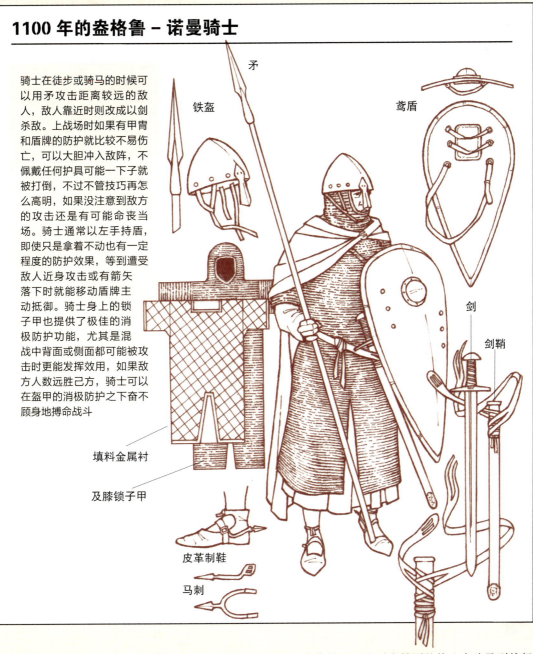

骑士在徒步或骑马的时候可以用矛攻击距离较远的敌人，敌人靠近时则改成以剑杀敌。上战场时如果有甲胄和盾牌的防护就比较不易伤亡，可以大胆冲入敌阵，不佩戴任何护具可能一下子就被打倒，不过不管技巧再怎么高明，如果没注意到敌方的攻击还是有可能命丧当场。骑士通常以左手持盾，即使只是拿着不动也有一定程度的防护效果，等到遭受敌人近身攻击或有箭矢落下时就能移动盾牌主动抵御。骑士身上的锁子甲也提供了极佳的消极防护功能，尤其是混战中背面或侧面都可能被攻击时更能发挥效用，如果敌方人数远胜己方，骑士可以在盔甲的消极防护之下奋不顾身地搏命战斗

战车在攻击上拥有数项优势，既能集中火力攻击重点目标，也能视战况优劣随机应变，不过以马匹拖拉战车的效率终究不是最高的，等到成功培育可以供兵士直接骑乘作战的强壮马匹之后，两轮战车就逐渐式微。骑兵相对于战车的主要优势之一是在策略和战术上具有更高的机动性，骑兵能够在比较崎岖或障碍较多的地表移动，不像战车只有在平坦的地面才能发动有效攻击。

不是每个地区都有战马，很多地区的人民习惯徒步作战，因此财力雄厚的战士会骑马到战场之后下马与敌方打斗。然而骑着一只身强力壮的大型动物上战场可以带来不少优点，骑手即使身穿沉重的甲胄也不会很快就精疲力竭，骑在马上也有利于避开部分武器的攻击，而且从上往下攻击的力道会更加强猛。

马上的战士看起来往往高大慑人，马匹能否在战斗中主动攻击敌人并不重要，因为敌方士兵可能光看到有人骑马朝他们冲来就吓得魂飞魄

骑兵的概念到了1000年已经充分奠定,其战斗力远比步兵强大许多。然而饲育战马需要投注大量财力和人力,对于草原上的游牧民族而言,马就是他们的生命,他们每天要做的基本上就是照顾好自己的马;对于中世纪的农民却不然,他们还有耕田、养羊等更重要的工作要做。

因此只有能花时间或能雇人照顾的人才养得起马,这表示只有富裕人家(也就是社会中的上层阶级)才有能力骑马上战场。顶层的权贵阶级甚至可以蓄养一批骑马的扈从,他们身上的盔甲装备通常逊于主人。

有些领主会供养一批随时听命的职业骑兵,负担不起的领主可以用战利品掠夺权或赏金等作为报酬征召骑马部族来为自己服务,这两种方式都负担不起的领主还可以用第三种方法找骑兵来为自己作战,就是集合一群自行出资负担该有的武器和装备的人员,于是"骑士"这个独特的社会阶级就因应社会需求而形成,能够负担盔甲和马匹的他们肩负着上阵作战的军事义务。

骑士

很多社会群体的统治阶层同时身兼战士,至于他们扮演的角色是压迫者还是保护者就取决于各种不同的社会因素。重装骑士是在中世纪的军事、社会和经济等多重的压力之下出现,属于有钱有势的统治阶级,他们的地位则由战场上的胜负成败来决定。

想象一个人可能必须出门和敌方作战而且手上有钱可以花用,那么应该就能理解他为什么会尽其所能加强身上的装备。因此即使在部分地区对于骑士的穿戴没有特殊规定,骑士阶级的成员一般还是会自行准备堪称标准化的全套配备。

装备

骑士的基本武装配备包括马匹、佩于身侧的武器(几乎皆是佩剑)、在马上进行攻击用的矛或骑兵长矛,还有以备齐为佳的个人护具,通常是盾牌和一套盔甲,不过盔甲制作得更加精良以后,盾牌就变得可有可无。

依据当时的封建制度,骑士通常有义务参与一年中所有大大小小的战事,而且必须率领固定

保存于德国的12世纪彩绘玻璃花窗,描绘配备矛与盾的步兵(也可能为重步兵),最前方者身上所穿的似为及膝鳞甲

散,还没有交战就溃不成军。而战士骑马时高高在上仿佛威力无穷,和徒步的敌方士卒相比之下更是高人一等,对战时就享有极佳的心理优势,对于鼓舞士气也很有帮助。也因此,骑兵逐渐取代步兵成为具决定性的战斗力,到了罗马帝国灭亡的时候,欧洲战事已经完全由骑兵主宰。不仅罗马人渐渐倚重骑兵,在帝国结束之后的"黑暗时代"入侵欧洲的蛮族里也有不少是以骑兵为主力部队。

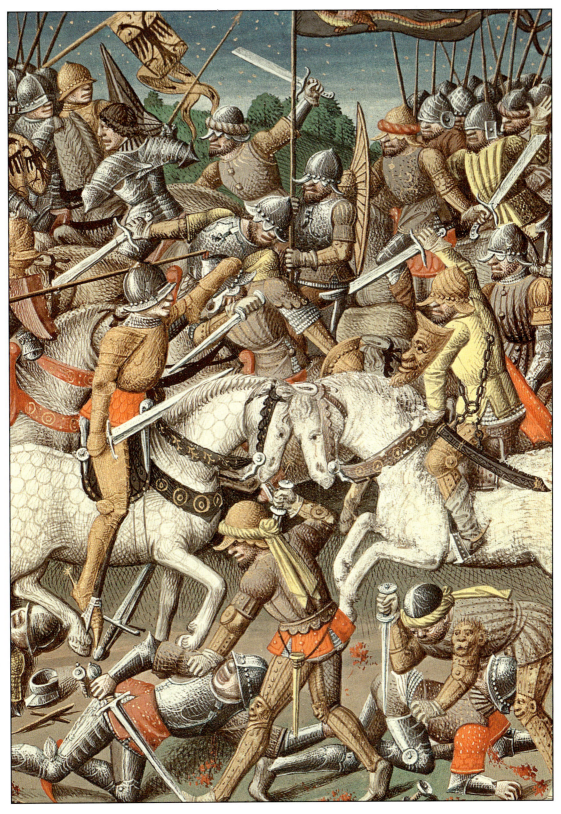

拜占廷皇帝希拉克略（Heraclius）大败波斯萨珊王朝部队：此战发生于公元 622 年，但画中人物的武器和装备是 15 世纪以后才出现的西欧样式

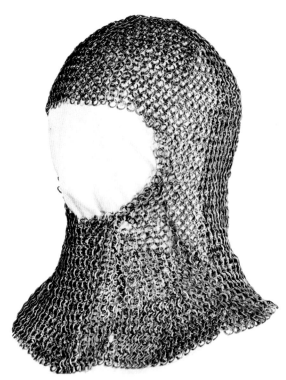

在头盔之下加戴此种锁子甲衬帽可以加强防护，披垂于双肩的衬帽下沿可以保护肩膀和颈部

数目的武装士兵前来参战，或者选择缴纳"免兵役税"由他人替代前去作战。规定应尽义务和如何豁免的制度十分复杂，各地也不尽相同，但基本上大同小异。

贵族与战士合一的体系会产生的现象就是成员的社会地位与战场表现息息相关：最优良的武器和盔甲不仅象征主人的崇高地位，同时也是自身性命的保障；而在战场上英勇杀敌就是提升社会地位的最佳手段，反之，在战场上表现懦弱也有可能头衔和地位不保。在这样的体制下，战斗力理所当然会集中在少数装备精良、专门接受战斗训练的人员身上，而且几乎所有骑士都表现得鲁莽急躁，因为哪个骑士如果看起来没有旁边的同侪那么勇猛，回去肯定会大难临头。

虽然没有骑士行为的通则，不过前述的情况基本上在西欧大部分地区都适用，骑士阶级的义务和权利逐渐体制化，不同等级的骑士开始有各自的专属头衔。

骑士头衔成为世袭制，一开始只是因应特殊需求而生的群体最终成为特定的社会阶级，同时发展出专属的规则和阶级秩序。有些获封领地的骑士可以在经济上独立，有些则早已是一方霸主。资深领主可以利用收来的税金供养一群骑士，供应他们膳食、住宿和武器装备，而骑士则以长期为领主效劳作为回报，这群亲卫骑士就是各个领主麾下的主要兵力。有些拥有封地但臣属于其他领主的骑士会特别培养自己的亲卫骑士部队，在这些亲卫骑士宣誓效忠期间如果需要兵员，就能征召他们前来善尽义务。

号令与统御

号令与统御是中世纪战事中不可或缺的基本要素，战场上不问能力好坏或经验多寡，一律以场中最为年高望重的贵族的号令为优先，不过在某些特殊情况，部分骑士或贵族由于担负特别的任务也能取得号令全军的权力。国王未能亲征的时候，各国军队中通常都有职级等同"总司令"或"元帅"者代掌军权。

比如"法国骑士统帅"一职就可能由爵位高的贵族担任，只要法国国王不在场，骑士统帅就有权指挥所有在场的兵员，有时候即使国王在场也可能还是由骑士统帅号令全军。理论上任何一名骑士或男爵都有可能获封为地区性的骑士统帅，而该地区所有的骑士和士兵，包括男爵、伯爵和公爵都由他调度；不过实际上通常要地位够高的贵族才能获授这种具有任务取向的职衔。

贵族或国王本人会亲自指挥一支主力部队，不过夹杂在部队中的小批人马或其他不劳高贵王族成员费心的旁支部队会由地位较高者统率，而"方旗骑士"（或称"从男爵"）可以率领自己麾下的一小群骑士，他们获准在战场上举起旗帜，如此一来部下就能在混战中更快找到他们前去护驾。

方旗骑士只是地位比其他人略高的骑士，在贵族的眼中他只能算是骑士阶级的成员而不是"同侪"，他或许拥有大片领地，但终究不是有爵位的贵族；在"方旗骑士"之上才是不同阶级的贵族：男爵、伯爵、公爵等，爵位越高，所掌握的权势就越大。

封建制度下的所有骑士都必须对自己所臣属的诸侯效忠，而诸侯也必须效忠于在上统御的大

图中所示为1214年7月27日发生于法国境内的布汶（Bouvines）战役一景，法王腓力二世（Philip Ⅱ）在此役表现极为出色，击败教皇派拥立的神圣罗马帝国皇帝奥托四世（Otto Ⅳ）与英王的联军

盎格鲁－撒克逊重步兵

身穿甲胄并配备斧和盾的重步兵在当时属于步兵中的精锐，他们平常衣食无缺而且持续接受战斗训练。战场上的表现决定了重步兵的社会地位跟职务高低，身份地位可以让他们享有比一般农民更好的生活和待遇。重步兵是盎格鲁－撒克逊军队的主力兵种，虽然机动性不如骑兵因此只能采取守势，但面对其他种类的步兵或在混战中对抗骑兵时可以发挥强大的攻击力，在1066年的黑斯廷斯战役中扮演重要的角色

盎格鲁－撒克逊士兵所戴的头盔，锥形设计能够提升强度，而且能在头部承受由上往下的击打时让攻击力道偏移

诸侯或君主；统治结构是以社会层级为基础，在上位者可以征召隶属"指挥链"的下层贵族前来服侍效劳，爵位较高的贵族同样拥有直属的亲卫骑士或采邑骑士。

在这样的体制之下，部队统帅很难对一队骑士发挥什么约束力，部队里可说毫无军纪可言，因为所有人会急着冲入战场杀敌立功，不然至少在其他人奋勇冲锋时也不能落于人后，因此骑士组成的部队通常只采用一种战术——迎头冲向距离最近也最适于攻击的敌军。攻击目标的"适当性"非常重要，如果冲过去只是踩扁一群农夫或不过是屠杀一些走卒，不仅没有什么荣耀可言，也不会有什么值钱的战利品。但是骑士如果能击倒另一名"有头有脸"的骑士或贵族，威名自然得以远播，如果生擒被击败的对手还能换取赎金，名利双收的胜利自然更加诱人。赎金高低由俘虏的身份地位来决定，而"国王的赎金"一词就是比喻一笔巨额款项。

这也就表示骑士不仅没有理由要回避作战，反而有来自多方面的压力驱使他速战速决，高深的战术在此也就很难派上用场。就当时的标准来看，如果有指挥官真的能成功约束住麾下的部分人马，他就算得上是军事天才了。中世纪军队的

主要战斗力虽然是骑士,但是他们缺乏团队合作达到军事和政治成就的精神,往往更为在意单打独斗时的个人表现和随之而来的社会或金钱上的获益,他们会忽视看似不重要的敌军,转而追击更适合的作战对象,从而有可能输掉整场战役,中世纪有数场战役就是因此分出胜负的。现代人会

冲锋

骑兵最有效的攻击方式就是持骑兵长矛冲锋,敌方步兵在面对成批骑兵快速冲来时可能因为心生恐惧就溃不成军四散奔逃。就算他们能坚守队形,矛尖之后骑兵连人带马的冲击力道也极为强悍,就算持盾抵挡也不一定能全身而退,士兵可能会因为矛尖滑过盾牌而被刺中或者因为承受冲击而受伤,有时候就算成功闪避矛尖,也可能接着被战马撞倒在地

戳刺或投掷

骑兵长矛的用途很多,平举冲锋以外也能握住之后平举或高举往下戳刺敌人,其攻击范围超过大多数的手持武器。有些骑士会将长矛掷出,劲力和整根长矛的重量就会集中在矛尖下的目标,如果是在马匹奔驰的同时掷出,攻击力道更是非同小可。不过一旦将长矛掷出,骑士就得另外找一支来替代或者改用佩剑当武器。1066年黑斯廷斯战役中骑士曾以各种方式运用骑兵长矛,但后来仍然以平举冲锋作为骑士的标准攻击模式

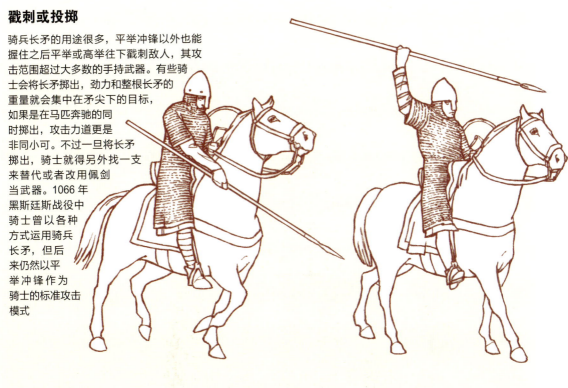

觉得骑士的作风不可思议，很难理解为什么重装骑兵不直接冲向已如风中残烛的敌方步兵将他们歼灭取胜，反而饶他们一命。但是对中世纪骑士而言就再简单不过，因为一群步兵根本不值得费心，他们有更重要的任务要完成，比如寻找更值得交战的目标。

当然情况也不完全如此，不管再怎么缺乏纪律，骑士仍然是战士而且很清楚他们的职责就是要击败领主或国王的敌人。由于骑士一方面必须服从主上的命令并有义务为其效劳，另一方面又承受来自社会同侪间的压力而且渴望建立个人功绩，因此他们虽然武力强大，却不是完全可靠的兵力。

1066年的黑斯廷斯

中世纪早期就以黑斯廷斯战役之中的骑兵部队表现最为优良且具代表性，此役中由威廉公爵（Duke William）率领的骑兵部队由于纪律严明，最终在一场重要对战中获得胜利。诺曼底的威廉公爵（以"征服者威廉"之名著称于世）跨海远征英国的目标是夺取王位，在此战中跟从他的爵士和骑士大多是贵族，如果威廉成功占领英国，他们就能成为新领土的统治阶级并如愿扩张自己的势力和家产。不过他们在此战中也承担相当大的风险，因为战场是敌方的领土，一旦形势不利他们必须撤退到英吉利海峡的另一边。

然而威廉的军队还是具有一些优势，因为英国当时的政局混沌不明，在位的英王哈罗德·戈

1066年黑斯廷斯战役

黑斯廷斯战役昭示了其后战争的走向：撒克逊人（蓝）的军队几乎全是步兵，面对由骑兵和弓兵组成的诺曼军队（红）不得不采取守势，而撒克逊步兵的战斗力先被诺曼弓兵消耗殆尽，接着又面临诺曼骑兵的数次冲杀，最终溃散大败

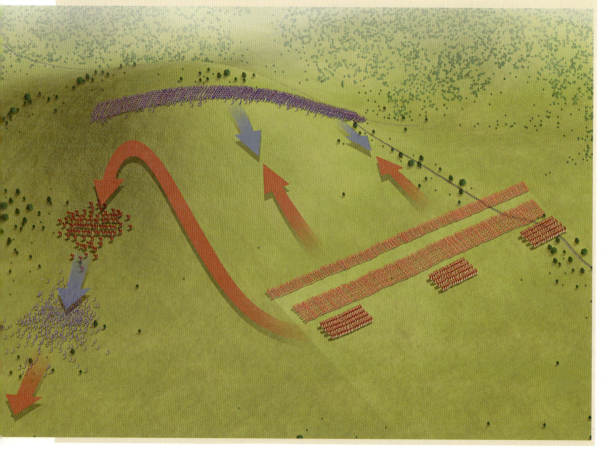

12 世纪时描绘查理大帝（Charlemagne）及其麾下骑士由艾克斯拉沙佩勒（Aix-la-Chapelle，位于今德国）前往圣地亚哥 – 德孔波斯特拉（Santiago de Compostela，位于今西班牙）朝圣的场景

德温森（Harold Godwineson）一方面必须镇压同样拥有继承权的"无情者哈拉尔"（Harold Hardrada）的反抗，另一方面又要面对诺曼人威廉公爵的侵略。等到英王哈罗德击败来自北方的敌手哈拉尔，准备南下对付侵入者威廉的时候，威廉已经在英格兰站稳脚跟，构筑好防御工事以保护己方的根据地。威廉率军迎战哈罗德的部队，两军在黑斯廷斯交战。

以1066年的标准来看，诺曼骑士的装备虽然没有之后的骑士那么精良，但也算得上是重装骑士了。他们身穿皮或布制背衬，外罩及膝锁子甲，背衬可以保护上臂和大腿，而且前后都有开口方便骑马，而锁子甲的袖子可以保护骑士的手臂；马鞍高起的部分可以保护骑士的胯部，脚上坚实的长靴也有助于保护小腿，比较有钱的贵族会穿"腿链甲"，也就是锁子甲织成的马裤；当时还没有发明铁手套，所以骑士可能会戴皮制手套，再戴上装有护鼻的开放式头盔，加上一面鸢盾就是骑士的全套装备了，而坐骑身上就没有任何护具。

诺曼骑士主要使用的武器是比一般的矛更轻且长的骑兵长矛，虽然有用马镫，但是诺曼人不常以平举长矛的方式攻击，他们会像步兵一样单手持矛攻击，可能高举过肩或只是平举戳刺，也有骑士会将长矛朝敌方的步兵部队投掷。如果在攻击时长矛折断，骑士可能有机会让后方部队送上替换的长矛，不过比较有可能的是改用佩剑攻击。骑士所用的双刃长剑和维京人用的传统武器相似，主要用来砍劈敌人，情况许可之下也能用来戳刺，而具有分量的圆盘状剑柄圆头也是近身搏斗时击打敌人的最佳利器。

诺曼骑士对抗的撒克逊步兵部队由大量矛兵和少数装备精良的持斧重步兵组成，撒克逊人一开始在森拉克山（Senlac Hill）搭出一道防卫性盾墙，虽然无法移动却很难被攻破，由于没有骑

巴约挂毯（Bayeux Tapestry）的其中一段，描绘英王哈罗德和手下的撒克逊步兵被击败的场景，注意其中扎了箭矢的盾牌以及士兵举矛过肩的攻击动作

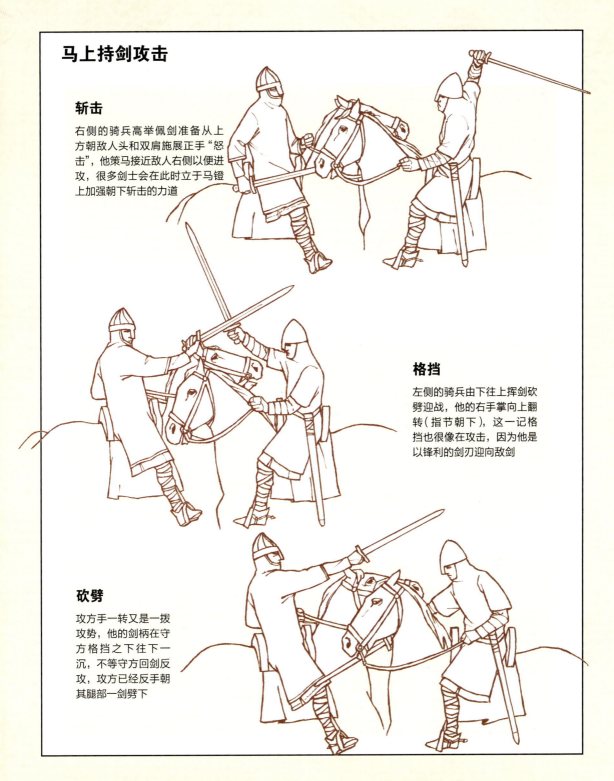

马上持剑攻击

斩击
右侧的骑兵高举佩剑准备从上方朝敌人头和双肩施展正手"怒击",他策马接近敌人右侧以便进攻,很多剑士会在此时立于马镫上加强朝下斩击的力道

格挡
左侧的骑兵由下往上挥剑砍劈迎战,他的右手掌向上翻转(指节朝下),这一记格挡也很像在攻击,因为他是以锋利的剑刃迎向敌剑

砍劈
攻方手一转又是一拨攻势,他的剑柄在守方格挡之下往下一沉,不等守方回剑反攻,攻方已经反手朝其腿部一剑劈下

兵可以抵御大批诺曼骑士,除了组成盾墙之外其实也别无他法。

诺曼弓兵的人数超过撒克逊弓兵,他们投射火弹一步步消耗撒克逊人的战斗力,而诺曼骑兵则不断冲锋试图破坏盾墙。诺曼人用的是标准的火攻加恫吓战术,由弓兵负责打散敌方步兵的队形,撒克逊士兵慑于诺曼骑士的铁蹄威力便进退两难陷入僵局,这时骑士就能迎头痛击一举攻克。

13世纪中叶身穿锁子甲的骑士,这一时期的骑士多半身穿绣有纹章的铠甲罩袍

威廉公爵最先派步兵去破坏盾墙,但是他们无功而返,于是威廉命令手下的骑士连番杀上森拉克山,虽然多次爬坡之后骑士的攻击就渐呈颓势,不过连续攻势还是让防守的撒克逊人精疲力竭。多次攻守之后战局仍然呈现胶着,这时威廉公爵已经阵亡的谣言甚嚣尘上,诺曼人的士气一度受挫,但谣言很快被破除。基于杜绝造谣以及其他考虑,后来骑士开始使用纹章,如此一来部属就能在战场上清楚辨认主帅的身份和位置。根据多篇文献记载,威廉在此役中两度假装撤退。究竟这两次撤退是否刻意佯装仍然有待考查,不过在第二次撤退的时候,原先只守不攻的撒克逊部队冲出来追击,牢不可破的盾墙就出现了空隙,这时诺曼骑士回马攻击,将疲惫不堪的追兵全数消灭。

大多数的撒克逊士兵还留在森拉克山上,不过他们的士气大受打击,还因为少数士兵冲出去追击诺曼人而乱了阵脚。撒克逊人一度将盾墙缩小之后死守山顶,之后英王哈罗德不幸阵亡。

值得注意的是哈罗德是中箭身亡而非被骑兵长矛刺杀,不过撒克逊军队的防守阵势在统帅亡故之后开始崩解。等到战争完全结束时,威廉将剩下一支意图反抗的部队彻底歼灭,而唯一能再号召另一支军队抵御诺曼人的领袖已经战死沙场,黑斯廷斯战役由诺曼人大获全胜之后,诺曼人征服全英已成定局。

诺曼骑士的两次撤退可能是诱敌之计,也可能真的事出凑巧,但无论如何确实发挥了极佳的效果。整场战役的交战过程中,成败的决定性因素在于诺曼人在机动性上占有很大的优势。

诺曼人可以朝任何一处发动攻击,在必要的时候立即撤退休息,而撒克逊人此时只能被迫以密集队形采取守势,还得眼睁睁看着诺曼弓兵用箭矢一点一点消耗他们的兵力。

纹章图案与家徽

当战场上的人员个个戴上只露出狭小窥孔的全罩式头盔的时候就出现一个问题:怎么弄清楚发生了什么事,还有怎么认清楚谁是谁。最简单的方法就是每个人都尽量跟在主帅的方旗附近,然后以小队为单位一起冲锋陷阵,可是两方陷入混战的时候就很难辨清来者是友是敌了。

当然不是每场战役都会出现这样的局面,比如诺曼人和撒克逊人于1066年在黑斯廷斯对战的时候就没有这样的困扰,因为骑在马上的大概就是诺曼人,而当时两军所用的装备式样大不相同,所以分辨敌我不是什么大问题。然而当交战的两方拥有相似装备的时候,就必须想办法辨识对方是友或敌。

比较有效的方法可能是穿着制式服装或在盾牌上放同样的徽章,不过这不太符合骑士作战时崇尚的个人主义风格,于是所有的贵族和骑士各自选用可以代表自己的图案。纹章图案就具有双重功能,一来可以减少误伤自家人的事件发生,二来等到在火堆边轮流吹嘘功绩时可以发挥效用,这种中世纪的活动和现在执行任务之后进行检讨报告的程序颇为相近。

骑士如果在战场上表现杰出,就可以期待其他人会在战斗时瞥见自己独特的盾牌,同理,如果有人指控他表现不佳,他也可以找来在激烈战况中注意到其盾牌纹章者为他作证。

由于每个人都想要独特显眼的纹章标志作为代表,从12世纪开始慢慢发展出复杂的纹章体系,其中包含专门术语以及繁复的规则。每个骑士的

耶路撒冷圣约翰修士团的骑士正准备保卫罗得岛（Rhodes）,出自纪尧姆·科尔辛（Guillaume Caursin）于1483年所著之《罗得岛围城史》

图案都必须是独一无二的,不过有时候会出现闹双胞的情况,如果两方都认为自己才是这个图案最正统且适合的主人,就可能因此交恶甚至引起正面冲突。

纹章图案的体系慢慢变得更有组织,随之衍生的是种种规则律法,比如家族成员中长子将如何继承家徽,而次子和更小的儿子获封骑士之后应该如何改动家徽图案,或者两个家族结合时应该如何合并家徽和纹章的图案等。

纹章图案经过许久的演变越发繁复,逐渐丧失了原本让战士能快速辨清敌友的功能,再加上骑士越来越少使用盾牌,盾上纹章慢慢变得不再重要。不过还是有其他方法可以很快辨明骑士的身份或至少分清敌友。13世纪之后开始流行绣有纹章图案的"铠甲罩袍"或"披风",于是出现"coat of arms"这个词语,此词现在则泛指贵族家庭的纹章标志。

有些组织团体则用类似穿制服的方法标明身

骑士会在盾牌上饰以纹章家徽,任何人只要看到这三只豹就知道自己正与英王爱德华二世（Edward Ⅱ）的部属为敌

份,比如圣殿骑士团就没有使用任何个人标志,而是将由白底和红十字组成的简单图案装饰在铠甲罩袍或盾上;有些贵族也会让亲卫骑士在盾上标示特定图案,凸显团队的一致性。

在欧洲的部分地区,尤其是到了中世纪晚期,接受贵族雇用的骑士也会在自己的盾牌上加上雇主的纹章图案,不过是经过些微更动的变化版本。没有雇主的骑士的盾牌多半是空白无图的,因此被称为"白盾骑士"(blank shields),由于佣兵骑士可以马上听从雇主为其"挥矛"效劳,因此他所用的骑士长矛就成了"free lance"(意为"自由矛"),现在则用这个词语来称呼接受不同雇主聘

13世纪的西班牙手抄本插画,画中可见国王阿方索十世(Alphonse X)的纹章图案

用并短期合作的自由工作者。

不论纹章的形式和功能如何变化,骑士的基本功能仍旧不变,他的任务就是持矛或骑兵长矛冲向敌军杀他们个措手不及,长矛如果掉了就改用佩剑或其他武器(通常是斧或钉头锤),不过这类兵器的攻击范围和强度就逊于骑兵长矛。

骑士在战场上等同于重装骑兵,不会充当前哨兵力或被派去站岗,基本上是针对特定目标直接派出的强大武力。如果用兵得宜,派出去的骑士就能所向披靡、无人可挡,不过如果敌方部队在蛮力之外还懂得运用脑力,甚至能够多发挥一点想象力,也有可能让骑士吞败饮恨。

重装骑兵

重装骑兵不一定具有骑士身份,有不少人是为骑士效劳的职业士兵,这其中又有一部分是所谓的武装军士(sergeant-at-arms),他们在社会中形成独立的阶级,地位高于农民但不如贵族,有点类似中世纪的专业人士或中产阶级。武装军士的装备和骑士大致相同但地位较低,所以只要有骑士出现,他们就得俯首听命。不过军士如果建立辉煌战功,就有可能获封骑士,从此晋身贵族阶级。

比军士再次一等的是武装兵(man-at-arms),这个词语基本上是指职业士兵,不过也涵盖弓兵、

佣兵部队

图中这名佣兵的历史可追溯至15世纪,他装备齐全,以剑和长矛为武器。这种佣兵部队最早于13世纪末出现在欧洲,成员中还包含骑士,有些佣兵团和结伙盗贼差不了多少,有些则是组织严密的专业军队。很多佣兵团慢慢介入欧洲政局,有时在重金贿赂之下随时可以改投阵营,有时又冒着赔上兵员和装备的风险毁约弃战,因此声名狼藉,不过这群佣兵其实未必如传闻中那么反复无常

蒙古重骑兵

蒙古骑兵有百人队、千人队和万人队的完善编制，装备虽然没有欧洲骑士齐全，行动起来却比较敏捷。一般提到蒙古人就会想到他们的主力弓骑兵，但蒙古人的军队中其实包含大量的重骑兵，他们也用弓而且会和敌方游斗，擅长以弓箭消耗敌人体力之后再算准时机挥舞佩剑或其他手持武器杀入敌阵取得胜利。如果敌军十分顽强，蒙古骑兵会退出战圈之后拉开距离以便再次射箭攻击，或干脆全军撤退等待更好的交战时机，有时也会采取佯退诱敌的战术；在1241年的利格尼茨（Liegnitz，位于今波兰）战役中，蒙古骑兵就利用这种战术让敌方骑士陷入埋伏

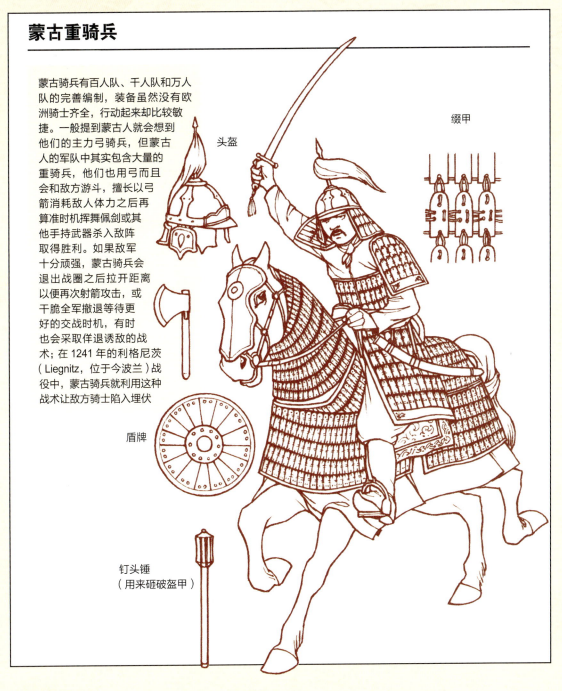

弩兵、矛兵和炮兵，当然也可以指骑兵。确切说来，只要是专门战斗的兵士（不论骑士或平民）都可以称为武装兵或武装骑兵，但通常用来指称不具贵族身份者。有些武装骑兵的装备和骑士一样齐全，也有些将就用比较次等的装备，他们有马、骑兵长矛和充当盔甲的护具，只要有这么一群人跟骑士同行，就算队伍里绝大多数成员不是贵族也能算得上是一支"骑士部队"了。

有些文化里也有重装骑兵部队，但不是采取战士即贵族的模式，比如拜占廷帝国的重装甲骑兵同样是骑马战士，但其政治和社会地位就不能和中世纪的骑士相提并论。拜占廷帝国在中世纪的时候已经开始衰败，之后也不曾恢复昔日的声威。帝国的重装甲骑兵和骑士一样善于持骑兵长

塞尔柱突厥头盔

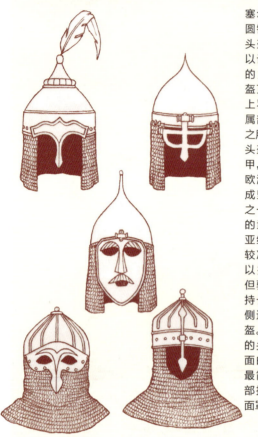

塞尔柱突厥人偏好圆锥形或尖塔形的头盔,这种造型可以让往下打在头部的力道产生偏移,盔顶的塔尖可以插上羽毛作为辨识所属部队或纯粹装饰之用。

头盔侧边垂挂锁子甲,不像大部分的欧洲头盔侧边也制成坚硬面板,原因之一在于两地惯用的武器不同,在小亚细亚用锁子甲比较凉爽透气而且足以抵挡剑刀砍劈,但骑士在欧洲骑马持长矛比武时需要侧边同样坚固的头盔。伊斯兰国家用的头盔也常附带护面的罩具,可能是最简单的前额和鼻部护条或是完整的面罩

矛进行突袭,他们多半用锁链将长矛系在坐骑身上以吸收部分冲锋时产生的冲击力,有些骑兵会随身携带弓箭。他们连人带马全副武装,坐骑身上的护甲一般采用层层相叠的鳞甲而非锁子甲。

北非和中东的伊斯兰国家也有重装骑兵,不过盔甲装备通常没有欧洲骑兵那么厚重坚实;贵族阶级同样会率领骑兵出战,但是身份和骑士还是不太一样,相比之下也更愿意听从主帅的号令。伊斯兰重装骑兵比较守军纪,在装备上又更加轻便,与欧洲的骑士部队相比就显得灵活许多,如果后者是攻城锤,那么前者就是一把细剑。

马穆鲁克人

虽然伊斯兰国家不像西欧有贵族战士,但像"马穆鲁克"(意为"奴隶侍卫队")这种伊斯兰骑兵的社会地位就极为特殊:成员包括马穆鲁克骑兵的后代或由非伊斯兰地区"招募"而

马穆鲁克骑兵

数百年来马穆鲁克骑兵都为伊斯兰军队效命,训练有素且纪律严明的他们拥有极强的攻击力,是战场上克敌制胜的重要棋子。马穆鲁克部队的军规很严,不管是使用武器和装备、备妥武器和装备待命,或是和不同的敌人作战,都必须按照规定行事。图中的马穆鲁克骑兵排成一列行进,可能正准备朝敌军发动长矛冲锋;他们恪守战斗规则,一定会配备长矛或弓箭才冲入步兵群厮杀,这无疑是在暗示只带佩剑就和步兵陷入混战的骑兵可能会丧生敌手

来的童奴，这批童奴自幼接受严格的军事训练和宗教训诲，长大之后就自成一支专业部队，完全不受当地的部族或政治势力掌控。马穆鲁克骑兵受训完毕之后就能摆脱奴隶身份，其中有不少人后来更获得显赫的地位。当权者自然希望马穆鲁克部队维持独立、不要卷入地方上的政治角力，但未必能一直如愿，虽然马穆鲁克部队一般只听命于自己的指挥官，但有时也会为了夺权而参与政治斗争。

马穆鲁克骑兵是当时伊斯兰军队中的精英部队，他们的职责和西欧的骑士大致相同，不过在社会中扮演的角色不同，军纪则比骑士组成的部队更为严明。他们通常身穿锁子甲，配备骑兵长矛、弯刀和圆盾，行动时多少会比重装骑士更为轻便，在几场战役中都与骑士拼得旗鼓相当。

各种重装骑兵在战场上的功能基本上和骑士相同，主要负责组成部队突袭敌军冲散其队形，再以铁蹄践踏四散奔逃的敌方兵卒将之彻底歼灭。

1244年的拉佛比

十字军在多年征战之后逐渐在圣地站稳脚步并建立国家，成为当地的政治势力之一，然而十字军王国的运势时起时落，不仅受到欧洲大事的影响，也与当地伊斯兰君主之间的纠纷息息相关。

十字军王国原已取得耶路撒冷，但花剌子模人在被蒙古铁骑击败后进入西亚并于1244年占领圣地，遭到重挫的十字军决定夺回圣地，当时叙利亚地区的伊斯兰领袖不愿圣地落入蛮族或埃及的政敌手中，转而与十字军结盟。

在拉佛比（La Forbie）战役中，十字军派出大约1000名骑兵和6000名步兵，盟军队伍包含4000名叙利亚重装骑兵和一群贝都因轻装骑兵。另一方面，由于花剌子模人当时已和埃及的阿尤布王朝结盟，因此十字军和其盟军要迎战10000名花剌子模士兵，加上来自埃及的精锐部队——6000名马穆鲁克重装骑兵。

奴隶出身的马穆鲁克骑兵自幼接受严格的军

1244年拉佛比战役

拉佛比战役极具重要性，马穆鲁克人（红）与花剌子模人的联军在此役大败十字军与其伊斯兰盟军（蓝）。当时马穆鲁克骑兵先出马驱退敌方的伊斯兰盟军，十字军骑士眼见马穆鲁克骑兵就在前方于是很不理智地尾随而上，不料追击距离过长，反而让己方的步兵部队无法跟上支持，之后十字军兵败如山倒的凄惨战况也就是意料中的事了

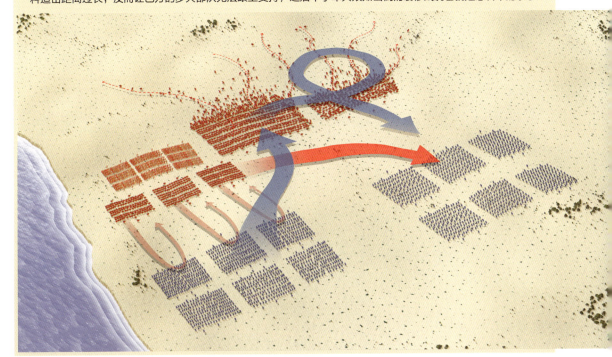

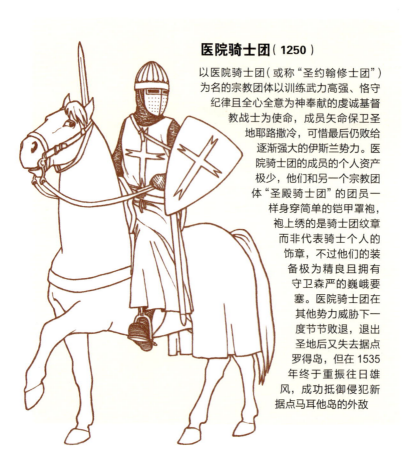

医院骑士团(1250)

以医院骑士团(或称"圣约翰修士团")为名的宗教团体以训练武力高强、恪守纪律且全心全意为神奉献的虔诚基督教战士为使命,成员矢命保卫圣地耶路撒冷,可惜最后仍败给逐渐强大的伊斯兰势力。医院骑士团的成员的个人资产极少,他们和另一个宗教团体"圣殿骑士团"的团员一样身穿简单的铠甲罩袍,袍上绣的是骑士团纹章而非代表骑士个人的饰章,不过他们的装备极为精良且拥有守卫森严的巍峨要塞。医院骑士团在其他势力威胁下一度节节败退,退出圣地后又失去据点罗得岛,但在1535年终于重振往日雄风,成功抵御侵犯新据点马耳他岛的外敌

事和宗教训练,受训的环境和基督教的骑士可说是相差无几,他们以骑兵长矛、剑和盾搭配重头锤和匕首,坐骑没有加装护甲,身上的锁子甲和鳞甲也比骑士的甲胄更轻便。

两军在海岸附近交战,十字军和伊斯兰盟军以右翼的十字军迎战花刺子模人,左翼的叙利亚和贝都因盟军则对抗马穆鲁克骑兵。花刺子模部队中的非正规士兵在战情紧张时多半不太可靠,所以如果延后几天再进行攻击,确实有机会可以等到花刺子模人的队形涣散,但是十字军指挥官布列纳的沃尔特(Walter of Brienne)决定立刻发动攻击。

开战第一天,十字军击

花刺子模重骑兵(1250)

花刺子模位于圣地以东,其疆域介于咸海与波斯湾之间,曾是波斯帝国的一部分,在11—13世纪为当时帝国的中心区域;蒙古铁骑于1218年大举入侵之后,花刺子模人不得不向西流亡进入圣地。重骑兵是花刺子模部队中的重要兵力,数世纪以来皆担负抵御亚洲游牧民族侵扰的重任,精通诸般武艺的他们使用弓和骑兵长矛,人马皆身披坚实的鳞甲

退敌对的花刺子模部队,骑士的冲锋攻击造成不少敌兵伤亡,不过花刺子模人仗着行动迅捷躲过了致命的攻势,另一方面叙利亚部队和马穆鲁克骑兵的交战则不分胜负。

到了第二天,马穆鲁克骑兵的领袖拜巴尔斯(Baibars)决定调换兵力,让花刺子模部队攻打叙利亚人,十字军则由马穆鲁克骑兵迎战。叙利亚人和贝都因人的盟军人数远远不及花刺子模人,寡不敌众之下贝都因人率先四散奔逃,而叙利亚人虽然装备较为精良,但人数上居于劣势,在花刺子模部队围攻之下大半阵亡,仅剩一小批训练有素的叙利亚骑兵保持紧密队形杀出重围,最后逃出生天者还不到300人。眼见惨烈战况的十字军遂向前方的马穆鲁克骑兵发动攻击,1000名十字军骑士冲向人数足有其六倍之多的敌方部队,马穆鲁克骑兵以高明的战斗技巧和精良的甲胄抵御骑士的冲锋。然而十字军的攻势慢慢减弱且陷入混战,这时却没有第二或第三阵线的部队可以上前增援抢救,大势已无可挽回。

在马穆鲁克骑兵蚕食十字军骑士战斗力的同时,甫得胜的花刺子模人转而以稳扎稳打的战术削弱十字军的步兵兵力,最后十字军几乎全军阵亡,只有极少数骑士勉强在混战中杀出一条血路逃脱。

十字军部队在拉佛比战役中几乎覆灭,假如有安排后备兵力,或者布列纳的沃尔特没有在侧翼部队情况危急时下令攻击数量倍于己方的敌军,也许最后结果会有所不同,但已经没有也许了,当时的状况下再多的单兵也拯救不了十字军。

轻装骑兵

轻装骑兵在装备和功能上皆不同于重装骑兵,虽然轻装骑兵有时也会一同参与冲锋攻击,但在冲锋以外的行动会表现得更为称职。

弓骑兵主要归属机动型投射部队,因此将在第三章中介绍,而其他类型的轻骑兵虽然可使用骑兵长矛或手持武器进行近身战斗,但最主要的功能仍是担任斥候并支持其他兵种。轻骑兵的行动迅捷,不仅能在野外快速移动搜寻敌军踪迹、探查适合的行军路线,并确保没有埋伏或前来突袭的敌军,也能在突袭行动中或需要搜括补给品时发挥功用。

然而多数部队指挥官可能顶多只派轻骑兵进行突袭和四处劫掠,几乎没有让轻骑兵发挥其他功能;斥候功能多半完全被忽略,原因之一可能在于当时交战应遵守的礼仪,有时一方会派遣使者将约战书递送至敌方统帅的阵营,战书上载明何日何时应于何地交战,只要双方都遵守这些规则,至少理论上就不太需要派出斥候勘查敌情。

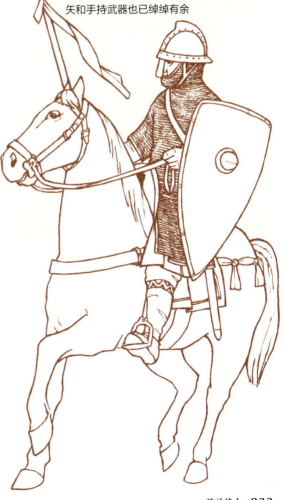

克罗地亚轻骑兵(1280)

克罗地亚的位置刚好在西欧与中东之间,其军事传统也同时受到两地的影响,然而此地相当贫困,军事装备和技术也不如相邻地区发达。13世纪的克罗地亚轻骑兵身穿在西欧地区已属过时的锁子甲,头戴附有护面锁子甲的开放式头盔,而头盔中央隆起的脊条在遭受敌人由上往下的攻击时可以加强防御效果;这样的装备虽然不适合上阵比武,不过在当地的战事中用来防御箭矢和手持武器也已绰绰有余

此幅插画出自波斯诗人菲尔多西（Firdawsi）所著之《王书》，描绘公元1000年间波斯人与图兰人（Turanian）之间的战争场景。图中可见亚洲的骑兵以轻骑兵为主，尤以弓骑兵为多

因此在由骑士主导战事的中世纪欧洲社会，即使行动灵敏的轻骑兵在战场上能够伺机而动快速应变，但其能力还是不受重视，甚至伺机应变的功能也被视为地位更高的骑士的特权；同理，在注重正面冲锋和单打独斗的时代，也少有指挥官会想到要派轻骑兵由侧翼分进击。

不过这样的情况也不是各地皆然，有些地区的统帅就比较懂得将轻骑兵当作重要的军事资产加以运用，比如在东欧与其他深受亚洲游牧民族影响或有游牧民族进驻的地区就有比较悠久的轻骑兵传统，很多当地的统治者也懂得以雇用、行贿或招募的方式征召非正规轻骑兵为己所用。

是故中世纪标准的轻骑兵，可能是地位相当低的职业士兵（在低阶部队中的地位甚至低于入伍服役的农民兵）或来自结盟部族，而后者未必可靠，在战况恶化的时候尤其令人忧虑。

有时候轻骑兵是用来帮骑士凑数的，由于骑士可能会有一名或数名骑兵随侍在侧，因此这种状况最为常见；如果大军中有来自结盟部族或其他团体的轻骑兵，统帅通常会让所有轻骑兵凑在一起，再交付他们比较不重要的任务。

1410年的格伦瓦尔德

由于神圣罗马帝国的皇帝授权让条顿骑士团征服并统治普鲁士及周围地区，骑士团在两百年间持续以武力强行扩张领土，当地人民顽抗不屈并寻求波兰人的援助，格伦瓦尔德（Grunwald）战役即因为条顿骑士团向外扩张的野心而爆发。

条顿骑士团希望能和波兰人一战定江山，为了达到这个目的甚至提出双方休战一年养精蓄锐准备决战的条件，这么做是想一举歼灭倾巢而出的波兰人，这样他们就可以毕其功于一役，既不需要长期抗战，也不用再应付小规模的战斗。至于己方落败的可能性则完全不在条顿骑士团的考虑范围之内。

于是在1410年条顿骑士团以重骑兵为主的部队出战，总共有大约4000名骑士，辅以职业矛兵和弩兵，再加上由当地部族征募而来因此较不可靠的兵士，队伍还另外配备了几门大炮。

为了对抗条顿骑士而集结的联军一共包含约6000名的骑士和重骑兵，虽然其中有不少兵员和敌方的条顿骑士一样盔甲精良，但大多数人在装备上仍然略逊条顿骑士，而双方所用的武器相同。重骑兵座下防御不足的马匹在大草原上易成标靶，则由使用弓箭、标枪或骑兵长矛的大批立陶宛和鞑靼轻骑兵负责从旁支援。此外还有将近20000名步兵簇拥着几门相当原始的大炮一起前进。波兰与立陶宛联军方面善用鞑靼轻骑兵的优势，在两军逐渐接近的过程中发动了几次小规模的突袭。由于受到突袭，条顿骑士不得不将部分军力留在后方以抵挡敌方的再次攻击，也因此削弱了正面迎战联军时的战斗力。

两军在格伦瓦尔德附近相遇，在双方骑兵之间的几次小规模战斗之后，立陶宛与鞑靼的轻骑兵联军首先展开冲锋攻击，由此揭开大战的序幕。轻骑兵联军顺利攻破条顿一方的炮兵和步兵阵线，攻击一直等到条顿的骑士反击才被挡住。两军于是展开大规模的混战，联军的轻骑兵虽然装备上

1410年格伦瓦尔德之役

在1410年发生的格伦瓦尔德之役中，军容壮盛但过度自信的条顿骑士团（蓝）被波兰和立陶宛人的联军（红）击败。此战的胜负关键在于机动性：联军的立陶宛轻骑兵由于行动较为迅速，在战役中最重要的阶段得以绕到条顿骑士主力部队的后方夹击成功

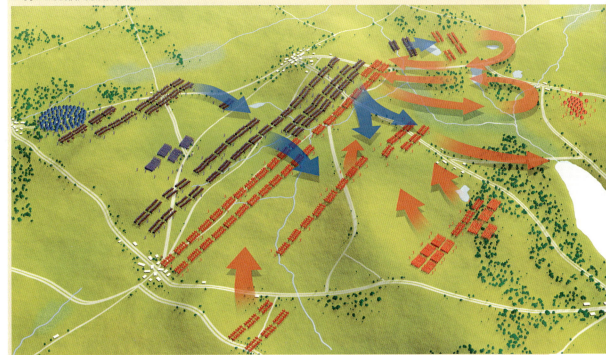

条顿骑士

条顿骑士团是由其中一支十字军于1192年在巴勒斯坦成立,在中东地区征战失利之后退到东欧,在匈牙利人抵御库曼人(Cuman)时曾积极出力,之后以圣战名义往北进入欧洲东北部与异教徒争战;在势力最为鼎盛时,可用兵员包括数千名装备齐全的骑兵和其他联合部队

稍嫌不足,但是以人海战术加以填补。

最后条顿的重骑兵略胜一筹将敌军击散,但这时候整个战线陷入混乱,两方都将预备军力也一并投入战场企图击溃对手。联军的军力首先耗竭,而条顿骑士认为这是决定性的一战机不可失,紧接着也让后备部队全数挥军冲入联军部队中心。然而稍早被击退的部分立陶宛轻骑兵此时却重新聚拢回到战场,从后方咬住条顿骑士的部队。腹背受敌之下,许多条顿骑士战至力竭而亡。

虽然骑士威力无比,但是在格伦瓦尔德之役中轻骑兵迅捷的行动力打破了平衡,不仅利用突袭分散敌方兵力,并在关键时刻从后追击敌军。当然,如果波兰和立陶宛联军一开始就难以招架条顿骑士的攻击,这些就都不重要了,此时重骑兵仍然是举足轻重的角色。

骆驼骑兵

数百年以来住在沙漠中的民族皆利

1410年7月15日的格伦瓦尔德之役也称为坦嫩贝格(Tannenberg)战役,难分难解的战局最后以条顿骑士团大败告终,此后骑士团的战斗力和声威便一蹶不振。此幅画由科萨克(Wojciech Kossak)于1931年完成,描绘波兰与立陶宛国王弗瓦迪斯瓦夫二世(Wladyslaw Ⅱ Jagiello)得胜的场景

用骆驼载运重物或当成坐骑，骆驼虽然不是最理想的骑兵坐骑，但却有很多马匹没有的优点以及一项额外的优势：由于一般的马不习惯骆驼的气味和怪异模样，因此还可以用来吓退敌方的战马。所以有时候骆驼骑兵部队光是出现就足以吓走敌方的骑兵，或至少可以借助让战马心神不宁来削弱敌方的战斗力。

标枪兵和弓兵部队有时也会以骆驼为坐骑，不过许多部族主要还是用骆驼部队来吓退骑兵的坐骑，而骑在骆驼上的士兵则以骑兵长枪和剑为武器。骆驼骑兵在很多方面都和其他地方的马骑兵相似，有些部队也会以重装和轻装骆驼骑兵取代重骑兵和轻骑兵。有些部队里则会同时出现骑兵和骆驼骑兵，而这些骑兵座下的马匹久了也会习惯骆驼的古怪体味和不时发出的噪声。

武器

骑兵的武器一般以单手武器为主，如此另一只手便可执盾，不过偶尔还是有例外。除了可用单手握持，骑兵惯用武器的另一特征是需有合理

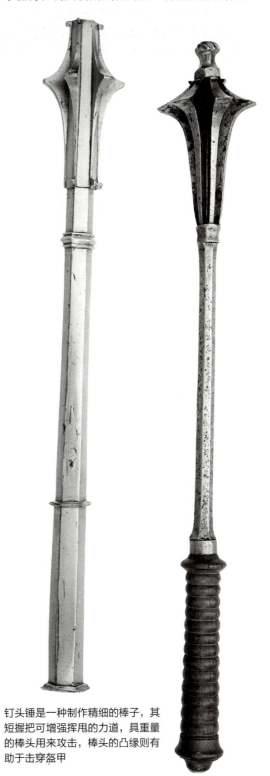

马鞍与马镫

骑马者可以利用马镫稳住身体，而马镫的确切发明时间至今仍未有定论，不过已知在诺曼骑士的时代就有马镫。高起的马鞍不仅可以保护骑士的胯部，也能让骑士坐得更稳。骑士在踩在马镫之后就能在往下和往前推挤之后卡固在马鞍里，在端着骑兵长矛冲锋时就能稳坐鞍上吸收长矛带来的冲击力，此外也能踩着马镫站起来从敌人上方攻击

钉头锤是一种制作精细的棒子，其短握把可增强挥甩的力道，具重量的棒头用来攻击，棒头的凸缘则有助于击穿盔甲

骑马战士 **037**

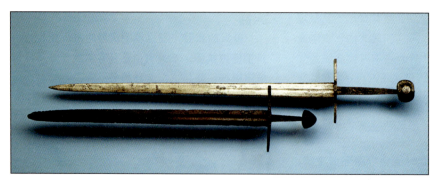

年代可追溯至13世纪的长剑：其中一把剑尖较尖而另一把较钝，两者皆可用以砍劈

的攻击范围。因此矛或骑兵长矛就成了骑兵的主要武器，因为两者皆可让骑兵以矛尖攻击敌人同时避开短兵器的攻击；而战场上其实也常发生坐骑不愿靠近敌兵的状况，这时骑兵还是能用手中武器攻击敌人。

一般人会以为只有全副武装的骑士会将骑兵长矛夹在腋下，其实不一定。在发明马镫和马鞍之后，骑马者就能坐得更稳，也能发挥骑兵长矛的最大威力一举刺穿敌人的重装盔甲，不过多少需要正面冲锋才能达到这样的效果。而骑兵长矛也能用来从侧面戳刺、夹在腋下或高举过头，甚至朝敌人抛掷。

后来逐渐发展出端着骑兵长矛攻击的方式。巴约挂毯上就描绘了诺曼骑士端矛攻击的场景，不过图中也有骑士将长矛掷出或两手持矛攻击。而矛或骑兵长矛的形制规格在不同的时代或地区也有所变化。最重的骑兵长矛只有在正面冲锋的时候才由骑士夹在腋下使用，其强大的穿透力可以刺穿全副盔甲的敌兵或他的盾牌，而较轻的矛在混战时用起来会比较顺手，骑士可以拿来朝四面八方戳刺。

使用武器的规则是由骑士来拿沉重的骑兵长矛，而其他重骑兵或轻骑兵则用较轻的矛。几乎所有骑兵都会配备其他随身武器，多半是不同种类的剑，不过偶尔也会使用其他类型的武器。

带刃武器

长剑既是地位的象征也是武器，而要铸造出打斗中不会断裂或弯折的长刀则是极为专门的技术，因此剑就成了贵重的武器，有些文化中甚至会将剑当成传家宝。较短的剑和匕首由于铸造相对容易，造价也较低，因此不像长剑常被视为身份地位的象征。

西欧的长剑一般是具有尖端的直刃武器，主要是用来削砍，对于盔甲的杀伤力有限，因此很多骑士在战场上会使用更有威力的武器，而另外将剑佩在身上当作防身武器和身份象征。

大多数种类的剑都有简单的十字形握柄可以护手，而柄尾沉重的圆头（pommel）一方面可以平衡剑刃一侧的重量，一方面也可以在近身搏斗时当作武器。此词当作动词时较常拼成"pummel"，指的就是以剑柄或剑柄圆头重击敌人脸部的动作。

虽然圆头的重量有平衡效果，不过在设计上仍会刻意增加剑刃重量，这样才能增加往下砍切的力道。长剑剑刃即使因为重复击打在盔甲或盾上而变钝，在攻击时的力道仍旧不可小觑；如果用剑刃持续击打穿戴盔甲的敌人，即使不能将盔甲砍穿，也足以打倒对方或将其四肢打断。

14世纪的意大利剑。注意握柄部分多出来的护指，持剑者可将食指伸到十字形护手之前，以便在戳刺时更精准地控剑

骑兵用剑

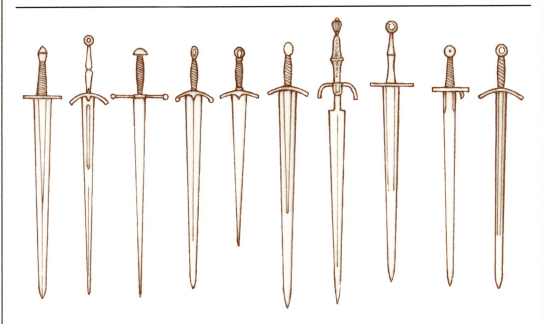

欧洲长剑

西欧地区偏好直刀,沉重直刀的一击足以砍裂敌人身上的盔甲,重击之外锋利刀刃的杀伤力也很重要。虽然持剑者一般不偏好戳刺,但有些类型的刀端够尖故亦可用来戳刺

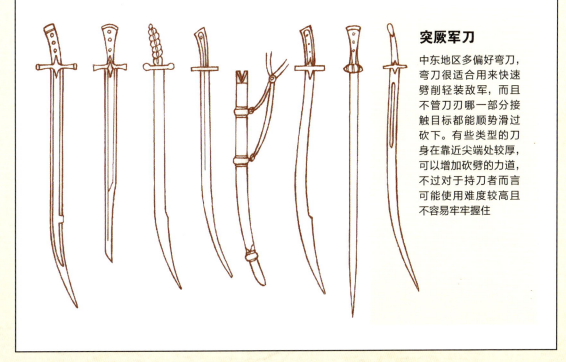

突厥军刀

中东地区多偏好弯刀,弯刀很适合用来快速劈削轻装敌军,而且不管刀刃哪一部分接触目标都能顺势滑过砍下。有些类型的刀身在靠近尖端处较厚,可以增加砍劈的力道,不过对于持刀者而言可能使用难度较高且不容易牢牢握住

持剑打斗的骑兵

战场上常出现骑兵踩着马镫站起来由上往下砍杀走在地上的敌人的场景，但是骑兵此刻的姿势其实相当脆弱，由于骑士通常直接坐在马鞍上，因此一般种类的盔甲很少连骑兵的臀部也保护到。臀部被矛戳刺而亡的死法实在不怎么光彩，但却相当常见。

东欧和北非的骑兵偏好弯刀胜于直刃，而弯刀的用法与骑士常用的直剑有所不同，后者的杀伤力主要来自重刀加上切砍的动作，而使用前者时却以快速削劈的动作最为有效。

不管最先接触目标的是刀刃的哪一个部分，用弯刃都保证可以沿目标滑过并拉大攻击范围。这表示用伊斯兰骑兵的弯刀对付轻装敌兵时会比攻击穿锁子甲的骑士更有效。然而，刀刃的弧度也能让武器施加的重力集中在接触点下方，进而加强杀伤力，某种程度上可以弥补刀剑的重量较轻的劣势。

弯刀和其他刃身具有弧度的刀剑类武器只有单刃，刀尖虽然也可用来戳刺但在使用上就显得比较笨拙。当时的持刀者并不常用它来戳刺，大

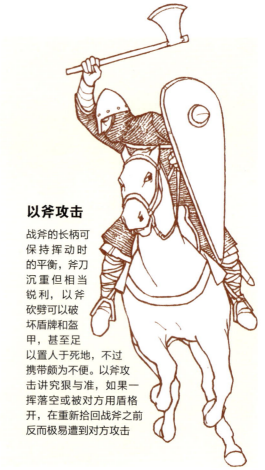

以斧攻击

战斧的长柄可保持挥动时的平衡，斧刃沉重但相当锐利，以斧砍劈可以破坏盾牌和盔甲，甚至足以置人于死地，不过携带颇为不便。以斧攻击讲究狠与准，如果一挥落空或被对方用盾格开，在重新拾回战斧之前反而极易遭到对方攻击

钉头锤

大部分钉头锤的尺寸都小得几乎要令人失望，不过却是足以致命的武器。对于盔甲的攻击力尤佳，可以打碎敌人的骨头或者不用见血就能将对方敲昏；也可以将盔甲击至凹陷，让穿盔甲者呼吸困难或行动不便。通常以挥甩方式攻击，不过也可如图中一般丢掷出去

力削切和砍劈才是主流，而不同的出刀要诀原先虽注重繁复的假动作和戳刺，但也逐渐被挑衅动作和良好攻击时机取代。这并不表示当时的用刀者技术不怎么好，刚好相反，只是他们的训练并不要求优雅的决斗或精致的技巧，而是以在战场上快速解决敌人为目标。

其他武器

骑兵最常用的单手短兵器是剑，但也有不少其他的选择。很多骑士倾向用短柄斧对付穿盔甲的敌人。斧头既能像刀剑一样拿来砍劈，也具有钉头锤击打的威力，砍劈时的力道会集中在金属斧刃之下，而握柄有助于持斧者在挥动之后保持平衡。

随着制盔技术逐渐进步，锤也越来越普及。锤子的头有两边，一边为锤、一边为尖镐，或者固定在握柄上用来大力挥甩。使锤者攻击时可以选择要大力击打不是利用尖镐那一端达到穿刺的效果。

钉头锤也是骑士常用的武器，立誓不可伤人见血但之后却连上战场的修士也会采用。其实击碎头颅时通常还是会有不少血流出来，所以是否见血属于技术问题，不过当时的社会一般都接受神职人员在需要作战时使用钉头锤。

钉头锤基本上算是制作得比较精良的棒子，是在短柄上装沉重的球形或几何造型的金属头，上面可能会加上尖刺、钉子或凸缘，有些甚至具有和剑上护手类似的护手装置，不过并不常见。可以造成钝击伤或是粉碎敌人的肌肉组织和骨骼，对头部攻击尤其有效，不过即使只是击打身体各处也可能将敌人活活打死。对付穿板甲的敌人还有附加的效果，因为盔甲受到击打会弯折，进而造成板甲主人行动不便甚至呼吸困难。有些人在战斗中甚至会像投掷原始的手榴弹一样将钉头锤掷出，虽然这种用法相当浪费，但是落下的钉头锤威力惊人，甚至可以将人当场击毙。

连枷

有些钉头锤的锤头装有尖刺，这种星头锤在部分地区称为"晨曦之星"，而此名也可指称端部有刺当作武器使用的连枷。连枷的构造很简单，

上图：握柄以木头简略削制成的短柄斧，制作容易且成本低廉。斧原先是简单的居家工具，不过当时无法负担特制武器的穷苦人民确实会带着砍柴伐木用的斧头上战场

左图：钉头锤的制作也很容易，像图中这样的形制任何铁匠都能铸造，握柄的长度可以依照使用者的体形和需求调整；不需太多技巧即可有效使用

右图：连枷末端以短链相连且具凸刺的圆球可以给予敌人重击并打穿其盔甲，不过这种武器在制作和使用上都有相当难度，技巧不佳可能误伤周围的同伴，甚至会打到自己

握柄上连着短短的一段锁链，链子尾端系有重物，可能是带尖刺或表面平滑的圆球或金属棒。在马背上用连枷攻击需要相当的技巧，不过吓阻效果极佳而且挥甩之后一击的威力极为惊人，也可以将连枷甩出缠在敌人的盾牌甚至手臂或脖子上让对方无法抵抗。有些连枷的握柄连着两段以上的锁链，每段链子各自系有重物。武器发展的部分原因在于盔甲的制作日益精良，必须不断研发可以击穿盔甲的武器，部分原因是使用上的要求变高，比如从马背上如何有效攻击，还有一部分取决于社会观感。例如用剑砍劈盔甲其实效果不佳，虽然有其他更有效的武器，但是剑比较易于携带，而且也可作为地位象征；由于具有象征意义，因此一直到火器成为战场上的主流很久以后，剑虽然越来越少当作武器但仍为人所沿用。

装备与盔甲

中世纪初期骑士的甲胄相对较为轻便，如1066年的诺曼骑士只穿皮或布制的内衬衣和坚韧的靴子，外面再披锁子甲，头戴有鼻部护条的开

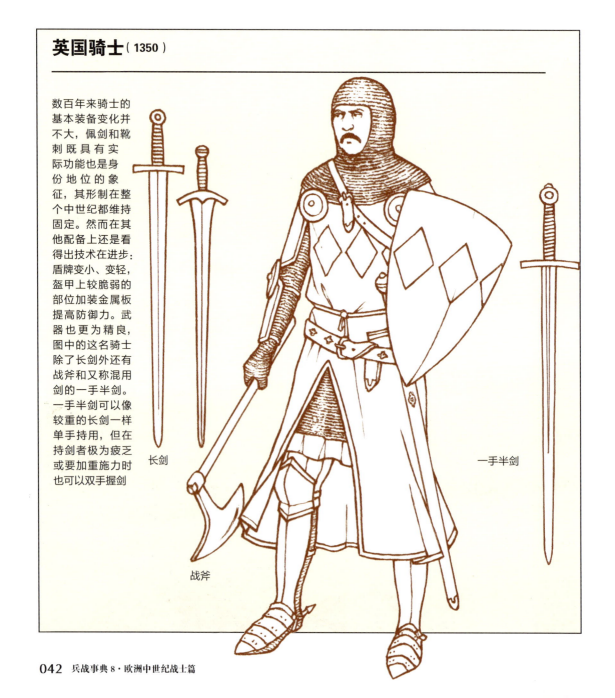

英国骑士（1350）

数百年来骑士的基本装备变化并不大，佩剑和靴刺既具有实际功能也是身份地位的象征，其形制在整个中世纪都维持固定。然而在其他配备上还是看得出技术在进步：盾牌变小、变轻，盔甲上较脆弱的部位加装金属板提高防御力。武器也更为精良，图中的这名骑士除了长剑外还有战斧和又称混用剑的一手半剑。一手半剑可以像较重的长剑一样单手持用，但在持剑者极为疲乏或要加重施力时也可以双手握剑

长剑　战斧　一手半剑

锁子甲

有袖子和垂下盖住大腿的裙摆的甲衣，可以保护躯干和至少手脚的一部分。锁子甲相当沉重，穿着时重量主要会压在双肩，不过可以提供防护且穿之后可移动自如。锁子甲内附皮革或厚布制的底衬，可以提供额外的保护。锁子甲的制法以在皮制底衬上加装金属嵌钉或鳞片制成皮甲或鳞甲较为简易，至于链甲的防御效果较佳但制法较难，不仅需要专业技术且相当费时。

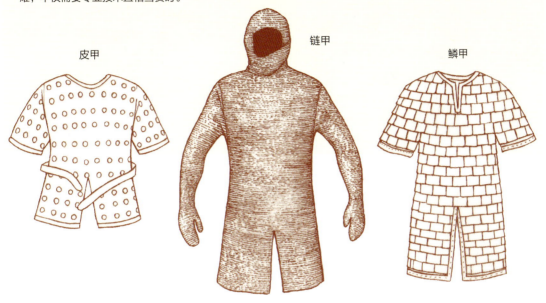

在班诺克本（Bennockburn）战役中，一名英格兰骑士一马当先冲向苏格兰国王罗伯特一世（Robert Ⅰ），为战役揭开序幕，国王以战斧格挡并将他当场砍死。由插画可见即使是最精良的头盔也难挡斧头的威力

米兰式盔甲（15世纪）

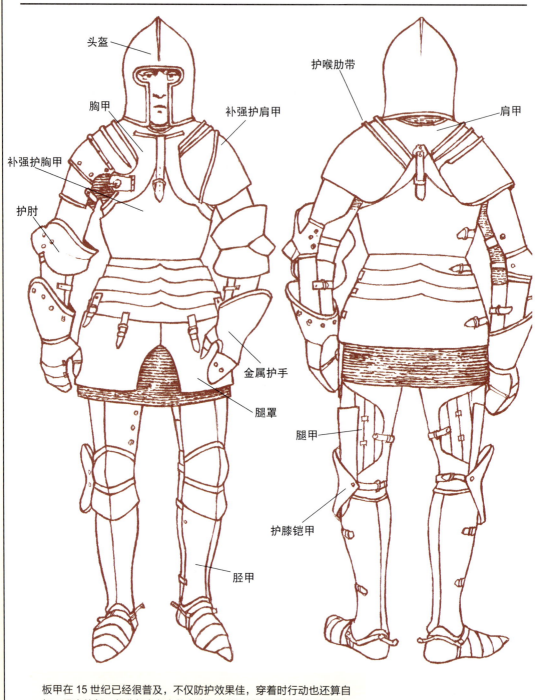

板甲在15世纪已经很普及，不仅防护效果佳，穿着时行动也还算自如。甲胄的每一部分都有各自的名称和功能，虽然穿着较费力且沉重，但多片组合的重量比较分散，不像锁子甲会集中压在双肩且会局限骑士的行动。坊间流传全副武装的骑士要用绞车才能吊到马背上的故事属于谣言，其实年轻一点的骑士有时甚至可以穿着盔甲表演体操

放式头盔加以防护。锁子甲的前后下摆都有开衩方便穿着骑马,除了躯干之外也能保护大腿和上臂。有些富裕的战士甚至买得起腿链甲,在腿部与锁子甲重叠之后防护效果更佳。不过大部分战士无法负担,所以只能将就穿着耐磨的高筒靴,再用锁子甲尽量盖住大腿。

骑士有时候也会穿比较短的无袖短锁子甲,这种短锁子甲防护效果较差但比较轻,造价也就较为低廉。制作链甲耗时费工,因此甲胄多半相当昂贵,虽然防御效果好但价格却超过多数战士所能负担。领主、骑士和家境富裕的军士还可能买得起整套的盔甲,但是除非领主或其他赞助人能够提供装备,否则比较穷困的战士就不得不将就穿着比较轻薄的护甲。身上最简单的护具是厚

比武专用盔甲

早期骑士出席比武大会时仅穿着一般上战场用的盔甲,但随着时代变迁开始出现专门为比武设计的盔甲,当然只有有钱的骑士才负担得起。比武用盔甲过于笨重且穿上战场较不方便,但是特别针对持骑兵长矛比武时身体需承受的强烈冲击加强防护,比如加装的板甲可以防止长矛刺入腋窝或颈部等易致命的部位。脸部防护也极为重要,法王亨利二世(Henry Ⅱ)就是在1559年的比武中被断裂的长矛碎片刺入眼睛而伤重致死,因此头盔的形状要能尽量挡住所有攻击。尽管发明了各种精良的护具,但骑在马上端着骑兵长矛对冲依旧是危险性极高的活动

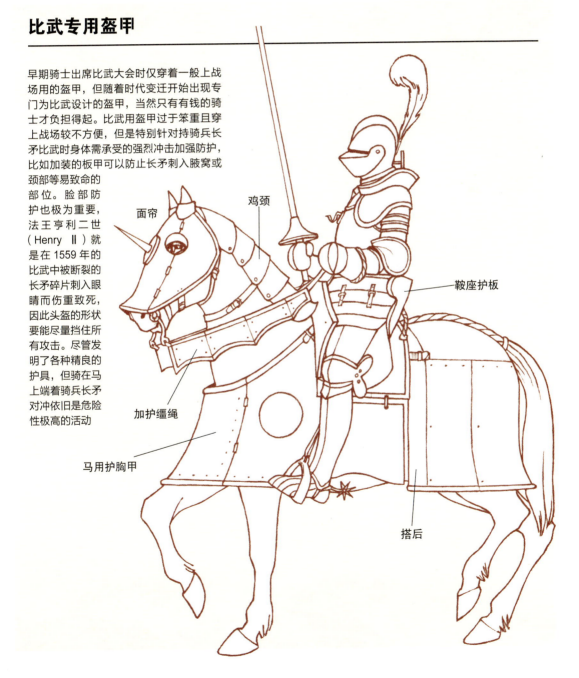

这副 15 世纪的盔甲以胸甲和两截式的头盔为主体,防护效果极佳,穿上之后只要可以持续移动不让敌人直接击中,基本上可谓坚不可摧,除非敌人运气奇佳

布或皮革制成的无袖短上衣,通常昵称为"杰克"(jack),这种短上衣和穿在链甲下或直接和链甲缝在一起的衬衣相似。和较重护甲一起穿着的上衣则称为"软铠甲"或"衬甲衣",制作时会加上额外的衬垫物,受到攻击时可作为甲胄和身体之间的缓冲。如果没有缓冲衣物,战士受到击打后也许不会流血,但可能因为遭受钝击而失去意识或四肢折断。

骑士有时候会穿两层布衣,一层在甲胄之下,一层罩在甲胄外面。有些历史学家会将两者加以区隔,称甲胄内的为"衬甲衣",甲胄外的则称"软铠甲",不过目前无法确知中世纪的人们是否也如此区分。穿在甲胄外的软铠甲的外层可能是用丝缎、天鹅绒或其他昂贵的织品制成,到了后期则多饰以穿戴者的纹章徽记。

无袖短上衣或软铠甲通常由两层以上的厚布以拼布方式缝制,因此中间会有夹层,可以放入羊毛或兽毛等衬垫材料作为缓冲物。无袖短上衣不管是皮制或布制,皆可在较脆弱的部位缀上金属片加强防护,虽然提升了防御效果不过代价是重量和成本也会随之增加。

板甲

冶金术及铸造术日益精进,链甲也可以另加板甲提高防护功效。大块的板甲如胸甲或胫甲早在古希腊时代就已发明,在制作上相对容易,不过最早是用青铜打造。

随着技术进步,工匠可以在链甲上加装小块板甲,大大提高甲胄的防御效果。后来甚至发展出制作精良依序推动后可以层叠覆盖的板甲,因此可以进一步制造很多武器都无法刺入的整套甲胄。

板甲完全不像一般人想象的笨重无比或穿上后令人寸步难行,穿好全套板甲确实累人而且会拖慢行动速度,但是任何人经过训练之后都可以让身上的板甲充分发挥效力,在习惯其重量之后就可以自在地移动和打斗。如果体力够好,也可以穿着盔甲表演倒立或其他特技动作,而确保体力维持最佳状态刚好是这群需要穿戴盔甲的男人的义务和责任,说是工作的一部分也不为过。

到了中世纪末期,个人盔甲已经演进到足以抵御几乎各种类型的武器,甚至可以挡住火枪弹丸。当时的盔甲制成时也确实会由近距离以轻型火绳枪射击进行"测试",而留下的凹坑则称为"验证标记",算是向买主保证盔甲的质量绝对值得他付出重金。

制甲技术的进步也表示骑士可以不需持盾,而这也意味骑士下马之后可以用威力强大的双手武器重创同样身穿精良盔甲的敌人。中世纪也出现其他类型的重装骑兵,他们的盔甲形制则略有不同。拜占廷帝国的重装甲骑兵和几个世纪前的祖先一样装备齐全,身穿沉重的链甲或以小金属片取代金属环串成的鳞甲,两种甲胄的防护效果大致相同。

同时期的伊斯兰重骑兵身上的甲胄通常比西方常用的来得轻便,所戴的尖顶头盔外围会再缠上头巾。较轻的甲胄让他们行动起来更加迅捷,同时也可配合家乡的炎热气候。

头盔

甲胄的设计逐渐进步,头部护具也与时俱进。许久以来最常见的样式当数诺曼骑士戴的具有鼻部护条的开放式头盔,不过同时也有其他类型,比如样式相似但附有以铰链连接的护颊条的"夹盔"也有数百年的历史,在几个地区特别受欢迎。头盔的形式慢慢演进成可以完整遮覆头脸,各地的"巨盔"样式都不太相同,但是设计上也越趋繁复。基本形式皆为桶状且具有眼缝,因此有些地区也有"桶盔"的说法,有些全罩式的头盔还有方便呼吸的通气孔。

密闭式的头盔虽然防护效果较佳,但是戴上之后能见度不佳,再加上空气无法流通,战士呼吸时反而会吸进过多先前呼出的二氧化碳,很难吸入足够的氧气,甚至给人过度封闭的感觉。因此很多穿戴者都会抱怨呼吸困难,虽然某种程度上算是心理影响生理,但也确实是此种头盔的严重缺陷。

附有护面甲的轻型头盔在14—15世纪初期相当流行,吻部突出与顶部具弧度的设计可在遭受攻击时让武器滑开避免刺入眼睛或其他脆弱部位

很多巨盔都附有以铰链连接的护面甲,因此穿戴者可以将护面甲打开呼吸新鲜空气或是看得更清楚。不过如果在战场上这么做或是护面甲受损时就要格外小心,骑士的脸部在此时很容易遭到敌人的手持或投射武器攻击,因此比较明智的做法是判断情况之后再决定是否打开护面甲。

如果头盔上的护面甲可以掀开,穿戴者就可以在接近他人时打开露出脸孔表明身份。为了避免敌人伪装成己方骑士接近指挥官,因此发展出靠近指挥官时一定要掀起护面甲的惯例,而这个将护面甲往上滑开的手势后来就演变成现代所行的军礼。

在戴上头盔之前可以先戴链甲制成的"头甲"增加一层防护,而链甲多余的部分会从头盔下方垂下。保护后颈的罩幕称为"护颈罩幕",部分头盔则具有相当大片的"护颈裙披"可保护双肩。

部分地区也开始流行由多个部件组合而成的头盔,可能包括围在肩上可保护颈部和下巴的独

头盔

比武专用头盔

这种头盔无比坚固,是专门为了抵御对手全速冲锋时迎面刺来的骑兵长矛的猛烈一击而设计,严密得让对手完全找不到可攻击的空隙,下半部更设计成往外突出以防长矛尖端往上刺入眼缝。不过戴上之后视线范围变得极小,因此只适合在比武时使用但不适用于战场

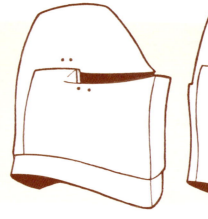

诺曼风格头盔

这种基本型的头盔由圆形头冠和檐边组成,一般附有鼻部护条,在能见度、重量和防护功能三方面的综合表现良好,更重要的是造价不高

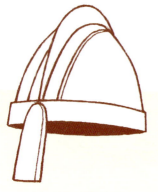

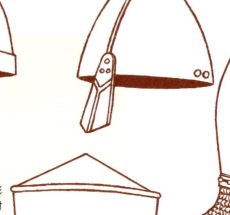

轻型头盔

适用于比武会场或战场,大多做成仅右侧有通气孔,而左侧由于最容易遭受攻击因此不开孔以提高防护效果;戴上这种全罩式的头盔会造成呼吸困难,因此战斗时可能很快就会觉得疲累。注意眼缝的部分经过特殊设计

中世纪后期具有护面罩的头盔，顶部也加装显眼的饰条加强防护，护颈与头盔的主要部分则采用一体成型的制法以提高坚固度

立下半部以及戴在头上的头盔，盔上装有以铰片连接且凿有眼缝的护面罩或面甲这类头盔是特别为了抵御骑兵长矛等重型武器的冲锋攻击而设计。

另有一些"轻型头盔"和类似头盔的造型经过特殊设计，其护面罩呈尖突状而且表面光滑具有弧度，骑兵长矛朝头部刺来时矛尖会由盔面滑开，无法由定点刺穿头盔或击者的颈部，因此这类头盔也足以承受猛烈的攻击。

随着时代变迁，盔甲部仅依据使用者在战场上的需求不停演进，也成了运动用的装备。马上比武和近身格斗都是骑士训练的一部分，而比武大会不仅为大众带来娱乐，同时也成了和平时期让骑士持续勤练技艺的诱因。

附护甲头盔

既要达到良好的防护效果，又能保持视线无阻跟呼吸顺畅，其中一种解决办法是采取板甲或锁子甲的组合式护甲设计。这种组合型头盔无法抵挡骑兵长矛针对脖颈或脸部的攻击，如果刺入可能造成骑士重伤或致死，因此不是最适合比武的头盔，但在战场上使用其实绰绰有余。有各种不同的形式，大部分是在头盔的边缘加装盖住颈部和肩膀的锁子甲，有些会加装可掀起来盖住脸的护面盖，而护盖上可能附加坚固的护眼罩或护鼻条

由图中可见 1214 年的布汶战役中对阵两方骑兵的比例超乎寻常

1214年布汶战役

布汶战役是由于西欧复杂的政治局势所导致,其中一方是神圣罗马帝国皇帝奥托四世为首加上英国领主和叛变的法国贵族组成的联军,与之相抗的一方则是法王腓力二世军队与教宗派来相助的一支部队。各方加入战局的理由太过复杂且与战况并无直接相关,故此处略过不提。

对阵的两方麾下有大量骑士。其实战场上步兵的数量几乎一律超过骑兵,但是由于贵族的地位较高,因此不管是在画作或织毯上的战争场景永远都是以骑士为主角。布汶战役中两军的骑兵比例都很高,骑士和骑马的扈从人约占了20%至25%的军力:法王派出大约1300名骑士,而另一方则有约1500名。

　当时两军各自驻扎在法国北部的布汶附近，法军想要尽快将奥托四世的联军引入战局。而联军派出的斥候可能并未认真查探，他们一直等到法军开拔到距离他们只有约12公里处才发现，也想速战速决的奥托四世于是挥军迎战。

　法军在布汶附近的有利位置好整以暇地将军力分配成等同现代"师团"的三个标准作战单位，每一单位由骑士带头、步兵方队殿后。联军到达战场时，由于一些小队急于与法国人交战而前进过快，队形已经稍微混乱，而联军的前锋部队却未等全军到齐就自行摆出作战阵形朝法军发动攻击。

　结果联军的部分军力在开战之后才抵达，便无法发挥数量上的优势。联军左翼的骑兵朝旗鼓相当的法军冲锋，法军的大批骑兵也端起骑兵长

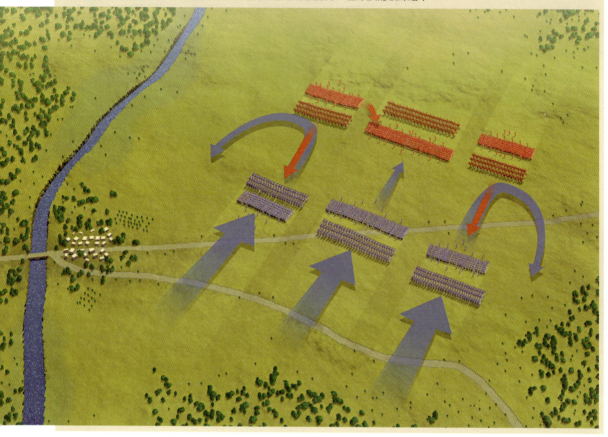

1214年布汶战役

中世纪战役中提醒人切忌操之过急的经典范例。联军（蓝）的前锋部队没有等全军到齐就冲向敌军，在长达一小时的混战之后被法军（红）击退，而剩下的兵力最终也被腓力二世军队的铁蹄踏平

矛迎战，首次接战之后战场血流成河，接下来就陷入激烈的混战。法军派来参战的骑兵多数装备较轻，虽然在一开始的冲锋难以抵挡对方的重骑兵，但在之后的混战就未必居于劣势。联军的左翼阵线在一小时之内遭法军攻破。

法军的中央军力以步兵为主，骑兵殿后并采取守势，联军在此同样采取先攻但被步兵挡住。交战中腓力二世一度被步兵拉下马而陷入险境，幸好在盔甲的防护下及时等到部属驰援。法军先是挡住联军的攻势，之后击溃其阵线。联军右翼在左翼和中央部队接连败退之后持续苦战，最终仍被集结后的法军击败。

盔甲在交战过程中扮演着重要的角色，除了腓力二世靠着盔甲逃过死劫之外，这场激烈的战事共约2800名骑士投入其中，但最后只有171名骑士战死，其中2名是法国人。有不少骑士在战役中被俘虏，有些虽然受伤但还是有可能击杀装备不足的敌人。

比武专用甲胄

讽刺的是比较厚重的装备可能不是用来作战，而是比武大会专用。由于骑士在比武时可能需要直接承受数次面对面的端矛冲锋，就算所持武器并不锐利，两匹马对冲相撞的力量仍然不是常人可以承受，因此必须特别加强防护。比武前还会在甲胄上额外加装甲片以保护骑士的左半边以及脖颈等特别脆弱的部位，这些沉重的护具不太可能在战场上长时间穿戴，但在比武的较短时限之内还算可以承受。很多头盔在设计时也会将比武的需求列入考虑，有些轻型头盔仅在右侧凿出通气孔，而最容易承受重击的左侧则不开孔以保持坚固。

盾牌

一直到中世纪晚期大部分骑兵仍常手持盾牌自保,而盾牌的制法及形式则随时代演变有所不同。大部分地区都流行鸢盾,但各地习惯的长度可能相差甚大,盾的宽度则相对一致,因为宽度由需防御的范围大小和使用者的手臂长度来决定,而中世纪开始以来战士的身材基本上没有什么变化。

诺曼人用的鸢盾极长,可以护住持盾者的腿部和身体左侧。其他较短的盾则较轻便且好拿,而到了中世纪后期慢慢发展成以较短的平顶鸢盾为盾的标准形制。中东和北非的伊斯兰重骑兵以

盾牌

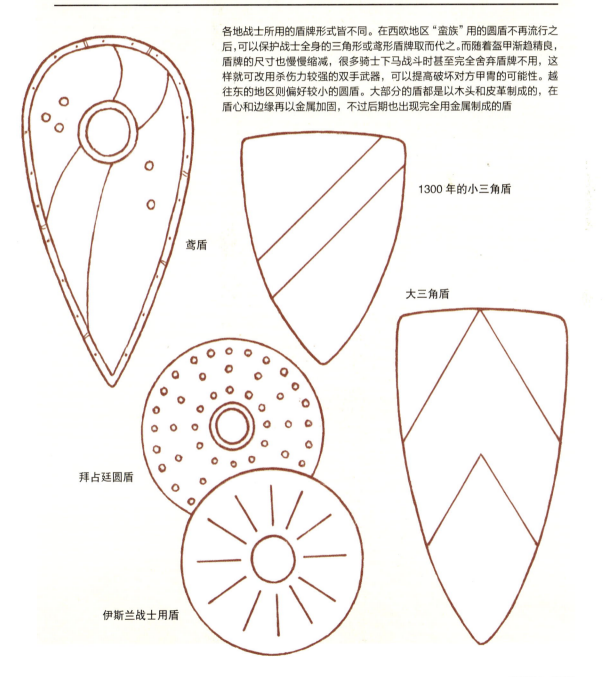

各地战士所用的盾牌形式皆不同。在西欧地区"蛮族"用的圆盾不再流行之后,可以保护战士全身的三角形或鸢形盾牌取而代之。而随着盔甲渐趋精良,盾牌的尺寸也慢慢缩减,很多骑士下马战斗时甚至完全舍弃盾牌不用,这样就可改用杀伤力较强的双手武器,可以提高破坏对方甲胄的可能性。越往东的地区则偏好较小的圆盾。大部分的盾都是以木头和皮革制成的,在盾心和边缘再以金属加固,不过后期也出现完全用金属制成的盾

鸢盾

1300年的小三角盾

大三角盾

拜占廷圆盾

伊斯兰战士用盾

战斗中以盾防御

持盾不一定只能被动防守，有很多特殊的战斗技巧只有一手持剑一手持盾时才能运用。由图中可见左方的骑士将盾往前举以限制敌人的攻击范围，当敌人朝他的头部攻击时，他举起盾牌挡开对方的武器，并以同样的动作反击敌人的手臂

及东方许多地区的骑兵则偏好圆盾。

盾牌一般为木制，边缘则镶上金属或皮革以避免遭到击打时裂开。在打斗时持盾防御不只是举起盾牌这么简单，不管是使用上比较有弹性的较轻圆盾或是不能那么随意挥动的较重鸢盾，用盾都需要特殊技巧。圆盾中央多半装有金属盾心或尖刺，亦可当作辅助用的武器，而和徒步的敌人对战时也可以用盾缘攻击对方。

马用盔甲

马匹虽是战场上的工具，但也是地位的象征，因此骑士之间会有不加害彼此宝贵坐骑的默契，在打斗时通常不会刻意攻击对手的坐骑。而不伤害坐骑的原则也获得认可成为比武规则的一部分，攻击对手马匹的骑士会被取消资格，也会为同侪所不齿。然而偶尔还是会有意外发生。

不管骑士是否打算掳走敌方的马匹作为战利品或者借助人不与马斗的共识获利，一般平民士兵在战场上完全不受这样的规则局限，失去坐骑的骑士对他们而言是很好的攻击目标，而且骑士没有马就无法

冲杀步兵，所以他们对马匹绝对不会手下留情。

因此马匹的防护也变得相当重要。虽然马匹再怎么高大健壮也无法负荷过重的甲胄，但某种程度上还是可以为坐骑加上护具。最常见的是帮马戴上可以保护头的护具，也可以披上称为"马衣"的厚毯状披覆物，用来缠住敌人的武器，发挥些许的防护效果。

西欧的骑士统称马匹专用的盔甲为"护马铠甲"，而穿戴在马匹身上各部位的护具都有专属的名称，如"面帘"用来保护马头，而"鸡颈"用来保护颈部，到了中世纪后期，这些护具都演变得愈发沉重。

马匹的身侧是以"马身甲"保护，前胸穿戴的是"马用护胸甲"，后臀上护具则称为"搭后"。这些护甲最早是用经过硬化处理的皮革制成，后来又再以金属板片或链甲增强。到了16世纪中叶马匹也和骑士一样穿起了板甲。

其他地区则较不常见马匹专用的护具，拜占

面帘

虽然正式比武大会中禁止蓄意攻击对手的坐骑，但是在战场上骑士通常不再恪守这样的规则，此外坐骑也有可能被流矢射中或遭到敌人无意或有意的伤害，因此马匹专用的护甲也和骑士的盔甲一样经过不断改良。面罩这种金属护面罩的功用就是保护马匹的头脸，有些会特别设计成完全遮住马的视线不让它看到前方，这是为了确保马匹完全依从骑士指示行动而不会因为出现异物而畏怯，毕竟不肯靠近敌军的坐骑在战场上毫无用处

护马铠甲

马匹护具最基本的形式就是在马身上披一层厚毯，主要是可以钩住武器尖端，此外也可以在马身被攻击时作为缓冲避免硬碰硬；不过厚毯挡不了箭矢，所以慢慢开始改用皮革或金属制的护具。马的头颈和身侧最容易遭受敌人以手持武器攻击，但要制作护具相对容易，反而是容易被箭射入的马背比较难防护到滴水不漏的程度。英国长弓兵的漫天箭雨不仅能将骑士射下马，甚至能从骑士难以回击的距离直接射杀其坐骑

骑马战士

廷帝国的重装甲骑兵连人带马都穿戴鳞甲,不过在其他地方就很少见到这么全副武装的战马,大多数几乎没有任何武装。至于非骑士的重骑兵和轻骑兵的马匹则完全没有护具。

靶柱

骑士和武装骑兵为了抓到战斗时能一击必中的特殊时机,必须花费无数时间对着练剑用的靶柱练习劈砍,将挥剑的动作练成本能反应,从挥剑攻击、吸收重击后的反作用力到重新控制住剑一气呵成。能力不佳的持剑者也许还是可以战斗,但是很快就会感觉疲乏,动作也会出错甚至出现致命的失误;而用剑的新手可能无法掌握剑的去

为了减轻马匹身上护具的重量而采取全有或全无的原则:这匹马最可能受伤的部位都穿戴了精良的护具但其他部位则毫无遮护

作战训练

不管是重装甲骑兵、骑士或武装骑兵,专业骑兵的职责大致相同,包括接受作战训练并且按照指挥官或领主的命令提供军事上的服务,后者的范围可能涵盖参与大规模的战役、与一小群同侪前去突袭敌人或抵御敌人的小规模突袭。骑士也可能在领主的指派下负责护送重要人士、在路上巡逻或前往要塞驻防

向,甚至在第一次劈上盾牌或甲胄时就失手掉剑。

当地领主麾下的骑士还具有很重要的示威功能,有成群武装骑士随侍在侧是权势和武力的象征,只要有这群骑士出现就足以吓退盗贼并维持社会秩序,也表示己方领地防卫森严,警示虎视眈眈的对手不要想伺机偷袭或攻击。如果吓阻无效,那么骑士接下来的任务就是驱逐盗匪、擒捕罪犯和击退侵略的敌军。而要扮演这样的角色最重要的条件就是机动性,骑兵部队可以随机应变处理大部分的突发事件,而步兵则负责在定点

持双手剑战斗

高举劈砍
左侧的剑者将剑高举劈砍,他的左脚往前踩以加重下砍的力道,而他的对手举起剑摆出攻守皆宜的中立姿势

高举戳刺
右侧的剑者举剑挡住对手劈砍并以剑尖对准对手胸膛,他驱剑往前往下准备高举戳刺

格挡
左侧的剑者左脚往后退避开对手的戳刺,同时以剑刃的重量将对手刺来的剑往下方和右方推去,让对手的剑尖失了准头。右侧的剑者将剑柄往下移预防对手反击,又回到原先攻守皆宜的姿势

比武专用装备发展至极致的范例：图中的头盔设计成可以固定在胸甲上，确保穿戴者即使遭受重击也不至于折断颈部

武器训练

最基本的训练辅具是古罗马人发明供练习劈砍的"靶柱"，骑兵可以用剑在这根木柱上反复劈砍。练习劈砍的时候通常两脚着地，功用在于熟练各种劈砍方法，同时培养挥剑的手感以及战斗时可以重复挥剑无数次的耐力。

即使是像骑士用的长剑这种相当简单的砍切武器，要充分发挥剑的威力仍然需要高度的技巧。任何人都可以举起武器朝四周随意挥甩，但是要用手中的剑准确刺中目标物的特定部位却需要对肌肉的适度控制和一定程度的技巧。而一击之后收回武器重新恢复备战姿势也很重要，挥击或刺击落空而武器被对手的盔甲或盾牌挡开之后，可能会露出偌大的空隙让对手有机会反击，因此必须要在一击之后快速回剑再攻或至少足以威胁对手绝不给予可乘之机。因此骑兵需要与靶柱日夜相对，拿着比平常作战时用的剑重两倍以上的练习用武器反复对着木柱劈砍，练习时可能会穿着盔甲并手持沉重的练习用盾以锻炼体力与耐力，甚至由剑术师傅指导时和与同侪练剑时用的也可能是较重的练习用武器。

徒步用剑时需要持剑和持盾的双臂的动作、身体姿势和移动步伐互相配合协调，而骑兵不仅需要学习徒步用剑，也需要学习马上用剑的专门技巧。在马上全力攻击的同时保持平衡本身就是一种技巧，因此骑兵也需要学习在马鞍上移位。此外还需要练习如何善用马的冲力增加自己攻击时的杀伤力，还有如何精确计算出手到击中目标之间所需的动作和距离。

除了练剑之外，骑兵也必须学习在马背上使用其他武器的技巧，尤其是骑兵长矛。要让狭长而且多少具有弹性的武器尖端对准目标刺去，同时还要控驭坐骑并配合矛尖及马匹的移动以及目标的行动进行调整，这实在是需要高超技巧的一项任务。而要诀无他，就是熟能生巧。

马上比武

各种练习方法中最为人所熟知的就是乘马持骑兵长矛比武。由于这种比武方式即使只是用磨钝的武器进行练习赛，参加者都必须穿上厚重盔甲才有可能存活，再加上社会因素的影响，因此成为骑士

站岗，只有领地面临最重大的威胁时才需要动员步兵投入大规模的战事。而骑兵必须精通作战技巧才能在各种情况下从容展现慑人武力，战马、精良武器和盔甲等附加装备都能大幅强化骑兵的战斗力，至少理论上可以将骑兵的战斗力提升到能独力对付一群装备不足的人。

不过骑兵本身如果学艺不精或打斗了几秒钟之后就筋疲力竭，那么装备就完全无用武之地了，因此需要接受持续不断的训练，一方面可以维持旺盛体力，另一方面精进作战所需的技巧。

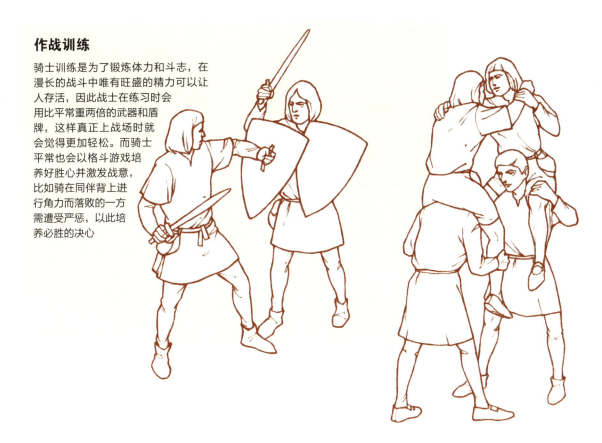

作战训练

骑士训练是为了锻炼体力和斗志,在漫长的战斗中唯有旺盛的精力可以让人存活,因此战士在练习时会用比平常重两倍的武器和盾牌,这样真正上战场时就会觉得更加轻松。而骑士平常也会以格斗游戏培养好胜心并激发战意,比如骑在同伴背上进行角力而落败的一方需遭受严惩,以此培养必胜的决心

文化的特有活动,在其他地区皆不曾出现。

马上比武是最为拟真的一种训练方法,但除了武器换成钝头之外是真的持骑兵长矛冲锋,因此风险也极高,长矛带来的冲击力加上有可能被硬生生挑下马背,都会造成参与者重伤。因此平时对于一群骑士中可以参与比武的人数也有限制,以免真的需要有人作战时反而伤员过多。

比武可说是有所规范的状况下"真枪实剑"的作战,可以考验骑士的真本领。比武通常是在由栅栏围起一块平地而成的临时比武场中举行,

理查一世持骑兵长矛刺杀萨拉丁(作于约1300—约1340年):理查一世确实在1191年于阿尔苏夫击败萨拉丁的军队,不过图中的情景纯属虚构

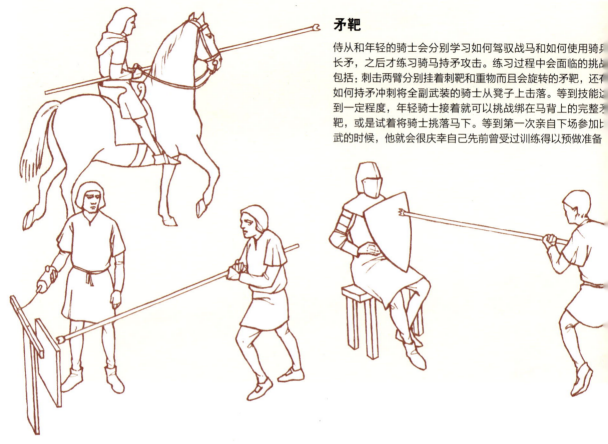

矛靶

侍从和年轻的骑士会分别学习如何驾驭战马和如何使用骑兵长矛,之后才练习骑马持矛攻击。练习过程中会面临的挑战包括:刺击两臂分别挂着刺靶和重物而且会旋转的矛靶,还有如何持矛冲刺将全副武装的骑士从凳子上击落。等到技能达到一定程度,年轻骑士接着就可以挑战绑在马背上的完整矛靶,或是试着将骑士挑落马下。等到第一次亲自下场参加比武的时候,他就会很庆幸自己先前曾受过训练得以预做准备。

也有很多领主会建造可永久使用的骑士比武场(tiltyard),持长矛比武的动词也可称为"tilting",而现代所谓"全速冲刺"(going full tilt)就是源于持长矛冲刺的动作。

除了与真人对手在马上比武之外,还可以借助持骑兵长矛或其他武器攻击塞了稻草的假人或是放在杆子上与人同高的包心菜或其他蔬菜来练习。而为了训练攻击的准度,骑士和其他骑兵也必须通过"集绳环"或"挑木钉"的方法练习,前者是骑马经过沿比武场一侧竖立的多根柱子沿路以骑兵长矛串起柱上的绳环,后者是挑起插于地面且上有木环的木钉。如果持长矛者的技术精湛,可以在坐骑奔驰的同时连续挑起多个绳环或木钉,那么他在战场上想要让长矛尖端刺向敌人的任何一处要害也不会有太大的问题。

有一种专供练习骑兵长矛的特殊装置称为"矛靶",是会旋转且具有左右两横臂的平台,一横臂上装有盾牌作为长矛的刺靶,而另一横臂吊着沙袋或土袋之类的重物仿真骑士击中目标时会碰到的阻力;重物的功能是确保矛靶被击中之后不会只是飞走或倒下,但会转开不至于挡住骑士的去路。

结实的一击可能会让矛靶转一圈或很多圈,因此比赛谁能让矛靶转最多圈也可以激励斗志。如果只是轻描淡写的一击,力道就不足以让矛靶旋转,而这直接关系到骑士在战场上持长矛给予敌人的一击能产生多少杀伤力。

重物还有另一个可能是特别设计或凑巧出现的功能:如果矛靶转得很快,骑士在骑过时必须有技巧地绕过才不会被矛靶由后面打到;而技术不好的骑士在一击失误之后多半会失去平衡然后被矛靶打落马,引起旁观者大笑。因此矛靶也能针对骑兵长矛的攻击力道和准度给予很实际的回馈,练习者可以比赛谁让矛靶转得最久、谁没有被矛靶击中落马,再据此评判谁的技术最为高超。骑士不但要能有效运用手上的武器,光就定义而言也必须精通骑术,要能独力驭马也要能在群体行动时相互配合作战。骑士单枪匹马的时候虽然可以和一群敌人对阵，但可能威胁性并不高，不过如果是有一群骑士肩并肩、马镫对马镫举起骑兵长矛准备朝敌人冲锋，那么形势就大大不同了。

敌方的步兵队伍常常因为害怕冲锋的威力就溃不成军，如果对方的阵线真的溃散，那骑士只需要策马以铁蹄踩过再用骑兵长矛惬意地攻击。面对整排的骑士，保持紧密队形的步兵小队还有一点机会，但是单打独斗绝对难撄其锋。然而只有当所有骑士都能驾驭好自己的坐骑并维持队形不散的时候才有可能一起冲锋，队伍中只要有几名骑士的马术不是那么精良，很容易就会破坏队形让冲锋的威力大减。

马术

有少数轻骑兵可以不用鞍具或只披一条毯子就骑在马上，不过大多数轻骑兵和所有装备较重的骑兵仍然需要使用马鞍和马勒。关于不同地区究竟何时开始使用马镫至今仍有不少争议，在巴约挂毯上已可看到马镫，因此至少在1066年时就已相当普及。骑兵虽然也用缰绳，但在同时持剑或骑兵长矛及盾的状况下其实很难用缰绳驭马，因此多半只是挽在左手或套在手腕上，有需要时才加以运用，平时则主要靠双腿控制坐骑。

这样的做法其实没什么特别，现代的骑师也是用同样的方法指挥听话的马匹，只有在马匹害怕或不愿听从号令的时候才需要用到靴刺或缰

11世纪具纹饰的马镫：有了这种简单的马具，骑兵就能在马背上端起骑兵长矛冲锋或挥剑使出威力十足的一击

在授予骑士爵位的典礼上作为奖品的一副靴刺，到现代"赢得靴刺"(win own's spur)这句话的引申义就是一个人证明了自己确有能力

比武用盔甲

有些骑士备有两套完全不同的盔甲分别供出战和比武使用，也有些骑士只有一套盔甲，要比武时则可在上面额外增添加固用的板甲。比武用盔甲的特色是容易遭受骑兵长矛攻击的左侧会特别加以强化，在手臂和胸甲部分会外加板甲保护，另外还有可以防护喉咙和脖颈避免直接受到攻击的护颈。这种盔甲可说是当时的一流设计师品牌运动装备，还会加上与主人身份相符的装饰。头盔通常会饰以真实或神话生物的塑像，有些与骑士的纹章相互呼应；图中骑士的头盔和盾牌上各饰有一只独角兽

虽然不怎么光荣,不过坐在木马上拿骑兵长矛练习的效果很好,而且也是其他侍从锻炼筋骨的好机会,因为他们负责拉动木马

训练期间会进行各种锻炼体能的角力游戏;赢家幸运的话可以少做某项艰辛的工作,激励输家下次争胜的斗志

数百年来发展出各种不同的训练方法,此处的两人一方面借此练习在站立或在马背上仍能保持平衡,一方面也当作对体能的挑战

绳。经过适当训练的战马极为珍贵,因为它们在战场上不受眼前景象、噪声或气息影响,而且即使周围陷入混乱通常还是会听从主人的指示。

骑兵或骑士本人与坐骑都需要接受马术和马上战斗训练。习惯参与比武的马匹会知道何时要全速冲刺,有时候要让坐骑往前冲甚至和不让它跑的难度不相上下。在比武场上常常可以看到骑士沿着栅栏骑回来要捡起另一根骑兵长矛或是向观众致意,明明没有要冲锋,但是坐骑却不听使唤再次向前狂冲。这是马匹受过训练之后的反应,它知道在比武场里来到某个定点的时候就要准备全力冲刺,所以不管骑士这时候需不需要它照样会向前猛冲。

接受过战斗训练的战马极为稀少,因为它们在战场上的角色是交通工具而非武器。然而在一群步兵一拥而上想把骑士拉下马的时候,会咬或是朝周围人群狂踢的坐骑可能会救主人一命,不过这种马也有可能在骑士作战时影响他甚至将他甩下马背。而生性好斗的马对于马夫、其他马匹和行人也可能造成威胁,因此未必会一直受到欢迎。

马匹和其他装备明显需要花费相当心力照顾,有些地区的骑兵的职责包括在马夫协助之下照顾自己的坐骑,而在骑士文化中则由侍从协助骑士进行清洁擦亮盔甲、帮马梳理和跑腿打杂之类的日常琐事。在某些地区更刻意强调此点，因此一般的概念逐渐演变成身为贵族的骑士不应该从事任何劳务，他的工作是作战和统驭人民而非劳动。

而更极端的想法则认为骑士如果被人发现在"工作"就会被削去爵位，因此也开始出现关于骑士失去侍从之后不得不忍耐盔甲日渐生锈老旧，或是骑士的坐骑因为没有马夫照顾而死的故事。这些都只是传说，实际的状况其实没有那么极端。然而西欧的骑士确实生活在独特的文化里，当时社会对他们的要求和限制绝不适用于其他地方的职业骑兵。

成为骑士

有很多种方法可以成为骑士，在不同时代和地区都不一样。在有些地区任何一名骑士都可以授予另一个男人骑士的称号，但不适用于妇女，因为她们不能上战场。如果是由知名战士或伟大领主所授予，该名骑士的地位就会大大提高。

不过通常禁止封授平民百姓为骑士，因此实际上骑士候选人多半具有贵族血统或至少是武装军士。

授予骑士的过程渐渐成为固定的制度，变成只有地位较高的贵族才有权授予骑士爵位，因此也有可能某家族中的一个成员获授骑士，但另一个成员却没有。在这样的状况下，家族中的其他成员由于亲属关系都会被视为统治阶级的一员，部分成员可能会获得"持盾扈从"的头衔。而要成

授予骑士爵位的场合极为肃穆光荣，在很多方面来说可算是一种"成年礼"，获授骑士之后的社会地位就和以前完全不同了

为骑士最常见的方法就是生在贵族家庭。

男孩到了大约8岁会被送到领主的宫廷里学习社交礼仪，同时也接受成为侍从所需的训练并为日后成为骑士预做准备。除非不能胜任，否则男孩在14岁的时候就会成为侍从，担任骑士的助手同时也学习如何当骑士。有了侍从帮忙提盾拿长矛、照顾马匹、清洁装备，骑士就可以免于为杂务费心。而侍从则在帮忙主人跑腿之余接受必

要的训练，培养日后成为骑士需要的技艺和体能。不管骑士进行什么任务，侍从都会骑马随侍在侧，在战事发生时也常加入骑士的行列跟在后面负责充数。

由侍从到骑士

年轻人担任侍从数年之后如果没有因为有亏职守而被开除，就能获得拔擢成为骑士。各地授予爵位的仪式也有所不同，但通常需要遵循宗教惯例，多半是在小礼拜堂彻夜守卫之后全副武装或换上华贵衣着前去觐见要颁授骑士爵位给他的领主。

候选人会在众人见证之下宣誓效忠领主，然后由领主伸出手轻触或用剑背敲击他表示授予骑士爵位。

在当代英国颁授骑士的仪式小只是用剑背轻点，但某些传统中是要重重痛击，这一击具有深远的象征意义，表示这是年轻人此生中最后一次受到痛击但是无权还手。当时许多文化都严禁平民对贵族动手，即使无缘无故被攻击也不能还手，如果还手就必须受到严惩，最后的下场多半是被凌虐致死。

等到年轻人以骑士的身份站起来之后，他就成为贵族的一分子，以后不论是谁攻击他都可以还以颜色。他现在享有特定的权利也担负特定的义务，而相关知识在他担任侍童和侍从时都已经学全了。

领主会颁赠新骑士一副靴刺让他表示地位，而新骑士可能已经有一把在许多层面都象征贵族地位的剑，他还是侍从的时候就有权佩剑，这在

骑士和贵族仕女骑马前往伦敦参加比武大会，出自让·傅华萨（Jean Froissart）所著之《英格兰编年史》的荷兰文版本（1470—1475）

大部分地区都是禁止农民享受的特权。有时骑士在获颁爵位之后会立刻接到任务或被派去战场作战。

有些侍从一生皆未晋升为骑士但是成为骑士身旁的专业随从，他们会获封"持盾扈从"的头衔，表示是没有爵位的贵族成员，由于提供的服务需要高度技巧因此多半可以获得丰厚薪酬。

另一种成为骑士的方法是建立战功或投入国王或领主麾下伺机证明自己的优异能力。农民兵和一般步兵在战场上甚至不太可能引起注意，因此实际上这种晋升方法只适用于武装骑兵和武装军士。战功辉煌者事实上有可能在战场上就因为其忠勇表现而直接获封骑士，或者战事之后在正式的仪式上获授爵位。

如果没有适合的装备，骑士候选人可能会获赠从敌方缴获的战利品。因此武装骑兵可能因为擒获敌方的一名骑士而以勇武表现获封骑士，同时接收俘虏身上的装备，幸运的话领主甚至会让他瓜分一部分的赎金。

骑士中地位最低的一级称为"下级勋位爵士"，他们没有领地因此无法征纳税金来养活自己，必须向领主效忠以求在领主的宅院或其他驻地栖身并在驻地戍守作为交换，基本上算是地位较高的职业士兵。

骑士也可以继承产业、与有土地的家族婚配，或者为领主做事以求获得领地作为奖赏。一旦成为地主或封臣，他的社会地位也会因为成了一方之主而有所提升，而这也表示他比没有土地的下级勋位爵士担负更多的责任，因为身为领主封臣的骑士必须在领主需要兵力时应召前往。

包括方旗骑士在内的所有较高阶的骑士都是封臣，随着他们的封地和产业逐渐扩增，他们对于封建领主也需担负协防和出战等义务。有些骑士和地位较高的贵族同时也具有多个职衔，比如领主辖下可能有城堡但自己并未居住其中，就会指派封臣前去担任指挥官。

全副武装的骑士沃尔夫拉姆·冯·埃申巴赫（Wolfram von Eschenbach）头戴具有装饰的头盔，手执方旗，身旁有一侍童；出自苏黎世书籍插画家之手（约1340—1370）

骑士的义务

骑士无疑必须听从领主的命令，此外也要听命于所有地位较高的军官，比如由上级指派负责整座城堡的指挥官。下级勋位爵士不仅是必须服从和效忠的专业士兵，他同时也受所谓的"骑士规范"所限制，必须身体力行彰显身为骑士应具有的美德并恪守行为上的各项准则。

其中包括骑士对待同侪必须慷慨有礼，不过究竟应该如何诠释则各地皆不相同。骑士也有保护弱小的责任，不过这一点同样可以有不同的诠

呈小三角形的矛旗，图中的矛旗和骑士的盾牌和铠甲罩袍具有同样的徽饰，这种骑士传统一直流传至今

因此信守承诺也是骑士规范的一部分，同时所有骑士也愿意一起维护，因为没有人知道自己会不会有一天落在敌人手中，自然希望敌人可以接受投降付赎金的条件以换回性命。

基督教骑士

教会认为骑士应该是虔诚且谦逊的基督教徒，某些个案中还包括守贞。此外到了中世纪后期更要求骑士应该文武全才，而且要精通狩猎和放鹰行猎。因此骑士和朝臣之间的界限渐趋模糊，甚至有些骑士的美德到了今日仍旧被奉为社交礼仪的模范。

拥有土地的骑士兼具领导者和保护者的角色，必须召开法庭、为平民排解纷争还有惩处罪犯。如果有盗匪或野兽入侵领地，骑士也必须一马当先冲出去迎战，这表示他可能要单枪匹马与数名武装歹徒为敌，因此必须具备高超武艺和精良护具。保护殷民、驱逐拦路的盗贼不只是身为封臣的骑士应尽

释，很多骑士认为他们的责任只限于保护贵族阶级，所以他们会保护贵族仕女并对她们毕恭毕敬，但是转头却会欺凌农民或强奸民女，而且对于这种行为完全不觉得有什么特别或失当之处。骑士对于落败的敌人也应该慈悲为怀，虽然这主要适用于同是贵族的敌人，而且善待俘虏与可获得的赎金的关联远高于一切。尽管如此当时还是发展出让俘虏安全回返阵营以交换赎金的制度，双方都愿意信守承诺因为皆可因此受惠。

如果两方都不信赖这套制度，那么就比较没有理由要接受敌人投降或让俘虏得以安全通行。

的义务，也算是捍卫自身的权益，因为农民的税金就是他的生计来源，如果领地中的农民被敌人或盗匪洗劫或房屋被烧毁，那么骑士的收入也会跟着严重缩减。

远方发生战争时骑士必须前往迎战，这时封地就可能因为无人执法或驱逐盗贼而间接受害。

由此可知拥有土地的骑士不只是领主麾下的武人，他也身兼地方首长、执法者和法官的角色，而他的个性和能力对于人民生活的影响深远。只要骑士有意，他甚至可以横征暴敛、虐待人民，而一般百姓根本无从反抗。当时的律法为了保护

骑士的服装（1350）

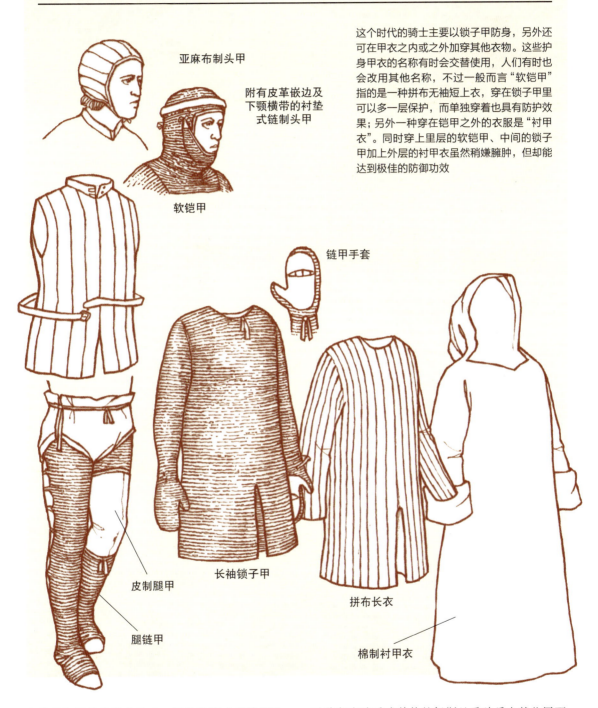

这个时代的骑士主要以锁子甲防身，另外还可在甲衣之内或之外加穿其他衣物。这些护身甲衣的名称有时会交替使用，人们有时也会改用其他名称，不过一般而言"软铠甲"指的是一种拼布无袖短上衣，穿在锁子甲里可以多一层保护，而单独穿着也具有防护效果；另外一种穿在铠甲之外的衣服是"衬甲衣"。同时穿上里层的软铠甲、中间的锁子甲加上外层的衬甲衣虽然稍嫌臃肿，但却能达到极佳的防御功效

图中标示：亚麻布制头甲、附有皮革嵌边及下颚横带的衬垫式链制头甲、软铠甲、链甲手套、皮制腿甲、腿链甲、长袖锁子甲、拼布长衣、棉制衬甲衣

贵族阶级并维持社会治安，反抗贵族或对其施以暴力都会遭到严惩；不管理由多么正当，统治者绝不可能宽贷叛变的农民。但在西欧之外的大部分文化很少赋予职业骑兵类似的义务，顶多只有马穆鲁克骑兵或其他的伊斯兰重骑兵在某些层面上有些许相似。西欧和伊斯兰文化虽然在很多方面完全不同，但都同样强调要在适当的时机表现慷慨、勇气和慈悲等美德。

制作精细的金属手套；手指部分以重叠的金属鳞片妥善防护，需要肉搏时拳头也是极佳的武器

比武大会

比武大会是以骑士取代职业骑兵的文化中特有的制度，既是社交活动也是作战训练。其他民族也会举办体能和武艺竞赛，锻炼士兵，鼓励他们精进，但是骑士的比武大会的功能绝不止如此。不同地区举办比武大会时所注重的也不一样：法国人的比武是偏重娱乐的社交活动，而英国人则认真地把比武当成战前预演。最早的比武大会相当于预先约好的决斗，用的也是真矛实剑，也常出现比武者丧生矛下或受伤残废的结果，因此教会以及许多领地内有比武活动的领主都大力反对。比武大会虽然提供了媲美实战的训练机会，可以提升现有武装人员的素质，但也因为人员伤亡造成可动员的兵力缩减。而比武就像后来盛行的决斗习俗，虽然严格说来并不合法，但却为社会大众所接受。国王也不可能下令禁止骑士比武，因为当事人只要挑一个可以避开官员耳目的地方

查理五世（1338—1380）在位期间法国比武大会的场景：骑马但未穿盔甲者是大会裁判官

在亚瑟王（Arthur）和王后桂妮薇（Guinevere）面前与另一名骑士打斗的骑士蓝斯洛（Lancelot），出自《湖上骑士蓝斯洛》的 14 世纪版本

就行了。最后比武大会逐渐制度化并成了西方骑士文化的传统。

直到 13 世纪末比武大会都只能算是一般战斗，差不多就是两群骑士拿着平时作战用的骑兵长矛和佩剑互相攻击，即使被击中落马也能继续徒步战斗，而用骑兵长矛攻击落马之后挣扎着想要抽出佩剑的敌人也不会有问题。

比武规则

《马上比武大会武器使用规章》于 1292 年颁布，其目的在于用律法约束这种血腥暴力的活动，新制定的规则主要提倡骑士是有礼绅士的概念，希望比武的双方能公平对决。骑士精神（chivalry）一词源于法文中的马（cheval），本来只是指称骑马打斗之人，后来变成骑士理想的意思而且开始应用在比武规则，一直流传到今日。

新的比武规则奏效，在正式比武中残废或死亡的骑士人数减少，也开始有国王和主教表态支持比武。比武大会从此不再只是你死我活的单纯打斗，反而转型成为同侪之间的光荣竞赛。

规则虽然因地而异，但比武大会基本上可以分成两种：一种是现代观众最为熟悉的一对一作战，也就是两名骑士端起骑兵长矛骑马对冲，试着用长矛将对方击刺下马；而又称"终极比武"的多人混战危险性较高，场中不设栏栅也不分敌我，开始的信号一响，所有参加者都端起骑兵长矛朝

15世纪的法国插画,由图中可见地位高者永远享有特权:场内设有舒服的包厢式观众席,供最重要的贵客坐于其中观战

15世纪晚期的插画:12名淑女中的一位将戒指赠送给骑士,当作比武大会获胜的奖励

比武场冲锋,他们会彼此击刺企图让其他人落马,最后一个留在马上的骑士就是赢家。

虽然比武用的骑兵长矛尖端需要磨钝,但还是时常有人受伤,后来终于有人发明比较不那么暴力的比武方式,由将对方击刺落马改为在对方的盾上将骑兵长矛折断就算胜利。骑兵长矛断折的概率一直都很高,而"折断骑兵长矛"一词也常用来代称马上比武。改用较轻且较易折断的骑兵长矛表示比武的意义也有所改变,以前比武时持骑兵长矛冲刺和在战场上冲锋是一样的,但是换成比武专用的较轻长矛之后就比较难让对方落马,而刺击只是要表现骑士用矛的准头和技巧,而不是作为致命攻击的预演。现代进行的复古比武活动大多都使用这种易折断的骑兵长矛。

虽然综观整个中世纪时期大多还是将马上比武当成训练,然而出手时每一击却都很扎实。当然也有其他练习方法,如徒步决斗、持剑或其他手部武器骑马冲锋攻击置于柱上与人同高的芜菁之类的标靶,以及先前介绍的集绳环和挑木钉。

比武在军事上的重要性分为两个层面:一来可以营造与在战场上与真人厮杀的情况极为相似的练习机会,二来也可以借机督促骑士在和平时期保持勤练不懈,以免骑士以为不用打仗而不务正业,疏于锻炼。定期举行比武大会就意味着随时保持最佳状态的骑士能够在毫发无伤的情况下击溃那些怠懒之徒,而落败者也就地位不保。没有一个骑士想要丢脸，因此比武大会也就成了鼓励骑士勤练武艺的强烈社会性诱因。

此外也有其他诱因，比武大会的奖金多半相当优渥，因此得胜的骑士可能从比武场上赚进大笔赏金。部分地区也发展出独特的风俗，参与比武的骑士可以请求心仪的贵妇淑女赠给他一个可以佩在身上带到会场的代表物，如果骑士获胜，不论两人已婚未婚，骑士当晚有权在自己的帐篷或住处一亲芳泽，这也成了激励骑士比武时好好表现的诱因。这样的风俗未必牵涉男女私情，有些地区的贵族女性仅仅以纯洁浪漫的方式接受骑士的爱意，但也有些地区可以接受已婚的贵族女性与获胜的骑士进一步互通款曲。

骑士在比武大会上的表现也具有外交和社会功能。可能会有外国骑士前来挑战或王公贵族受邀前来观战，比武大会可以让他们留下这个王国里的骑士无比骁勇善战的印象。如果这一年可以让邻国骑士借助比武大会见识到众骑士的奋战精神和高超武艺，那么来年也许双方就不用真的上战场比拼。而贵族如果在比武大会上表现优良，塑造正面形象，在与他国结盟缔约时也可能争取到更好的条件。

对于来观战的平民而言，一场炫示财富、武力、权势的马上比武也能够巩固社会阶级，让平民知道自己的地位在哪里。当一个农民看到骑士骑着马奔驰而过，同时一挥就将插在杆子上和自己的头差不多高也差不多大的芜菁或包心菜从中剖开，他可能会觉得接收到这样的信息：任何胆敢以下犯上者就是这个下场。大会及参赛者的排场极为豪华铺张，这也有利于营造贵族与下层阶级相比就是高人一等的形象。

因此比武大会既是锻炼武艺的手段，本身也是促使骑士锻炼的诱因，又是维护当时社会秩序的权力象征；对于骑士个人而言则是赢得同侪认可的重要时机，甚至有可能借机觅得佳偶。

在骑士文化中比武大会成了日常生活里很重要的一部分，甚至到后来全副武装的骑士不再是战场上的主力，比武的传统仍旧没有消失，比赛形式虽然随着时间推移逐渐改变，但是现代的许多体育竞赛其实有一部分根源于这种全副武装者之间半组织化的殊死决斗。

哥德式盔甲

15世纪晚期的盔甲兼具优雅外观与实用功能，提供极佳的防护但几乎不影响穿着者的行动。由于冶金术的进步，之前需要笨重的厚片铠甲才能达到的防御效果现在只需要较薄的铠甲就能达到。铠甲以板甲式的胸甲为主，在胯部、腋窝和其他不适合以板甲防护的部位则改用链甲；马鞍前侧也能为骑士胯部提供多一层保护。手臂和肩膀以精心打造的板甲防护；向外展开的头盔边缘则可抵御由上往下的攻击；腿部则以膝盖和脚踝部分的造型经过特别设计的板甲保护

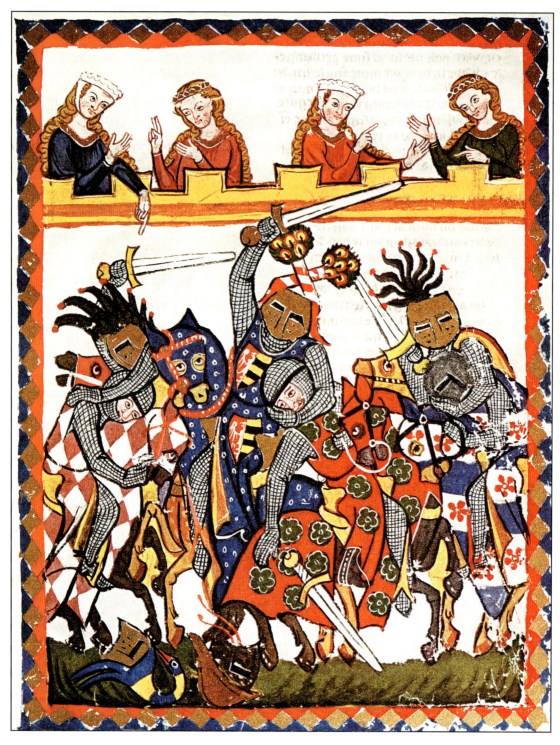

安哈尔特公爵（Duke of Anhault, 1305—1340）比武时的情景；
骑士虽然会接受格斗训练，但在马背上不常采用肉搏技法

现代人在复古比武活动中穿着哥德式盔甲骑马冲锋；古时的士兵临阵或参与比武的骑士在对冲前看到的就是这种景象

战术与技术

骑兵所用的战术以突击为主，他们会在敌军猝不及防之下冲锋让对方溃不成军，再策马驱散或踏平企图反抗者。在马上投掷武器则属于完全不同的领域，除了投掷一般的矛和标枪等射程较短的武器之外，其他皆会在"投射部队"一章中讨论。

骑兵运用的基本战术主要是集体冲锋，大群骑兵冲向敌阵抢着第一个与敌军接战的场景可能相当混乱，但这种毫无章法的攻击却十分有效。只有最前面的几名骑兵会和敌军硬碰硬厮杀，剩下的人只要负责壮大声势，如果攻势因为敌军摆阵而受阻再四处冲杀即可。

这样的冲锋方式很快就会后继无力，理由之一在于大队人马一起向前冲杀时可能会加速过度，负担极重的战马很快就会无力冲刺，本来应该强劲的攻势也就难以维持了。

此外，冲锋途中队形变得参差不齐反而不易冲破敌阵，就好像朝窗户丢一把小石头可能会被弹开，但丢的如果是与整把小石头重量相同的石块就可能砸破玻璃。个别骑士冲入敌阵之后的攻势可能受阻，他们很快会发现己方不但没有集体冲散敌方队形，反而被敌军团团围住。因此比较懂得调派骑兵的统帅很快就发展出冲锋和其他攻击行动的战术原则，目的就在于将骑兵独具的机动性和震撼力发挥到极致。

不过不是每次"冲锋"都由骑兵策马快跑，他们也可能驱马踱步或慢跑朝敌阵移动并发动攻击。虽然这样的步调会减少集体冲锋的力道，但骑兵可以避开障碍物并维持紧密的队形，或在马匹疲惫不堪时也只能勉强做到这样。

成列冲锋

由于同一时间有越多支骑兵长矛攻向敌军就越能提高攻击成效，因此最符合逻辑的战术就是排成一列冲锋，而密集队形又优于松散队形，这样才能增加冲杀时的整体震撼效果。但要所有骑士膝盖碰膝盖成列冲锋不仅需要各人高明的骑术，每个人的腿部和足部也需要铠甲或硬靴的良好防护，否则骑士的脚可能会被隔壁同伴的坐骑踩烂。

19世纪描绘克雷西战役中法国骑士攻击英格兰弓箭手的插画,其中可见理想中"成列冲锋"的情景

成列冲锋

理想的状况中骑兵不会一窝蜂似的倾巢而出冲向敌军,因为冲锋一次可以刺中的对象有限,如果失败,即使有可能摆脱敌军的纠缠也需要一些时间。因此排成一列冲锋不管策略再怎么粗糙,至少可以避免坐骑在冲锋时相撞,也能维持一定程度的纪律。训练有素的骑兵可以在极短的间隔之内连续发动成列冲锋攻击,连绵的攻势可以有效击溃敌军阵线,或至少让前一拨攻入敌阵的同伴有机会从混战中杀出重围是故这种"马镫并马镫"的冲锋队形就成了训练有素的重骑兵的正字标记。冲锋时要能一举攻破可能由数列士兵形成的敌方阵线,紧密的队形极为重要。如果因为排列紧密导致冲锋队形短于敌方阵线,那么影响并不大,因为在长阵线中冲出一个缺口远比在阵线最前排分别杀退几小撮人来得有效。遭到骑兵冲锋且队形溃散的时候,通常敌方步兵就会四下散开,这时就很容易个别追击。

14世纪的法国插画：描绘加洛林王朝的查理大帝征服撒克逊人，他首先提倡的武人品德后来成为骑士精神的一部分，画中的盔甲样式皆属14世纪

然而敌方阵线如果只是受到攻击但并未溃散，敌兵很容易就会起而再战。这种战斗中牵涉到"人海战术"，一小群骑士如果被一大群装备不全但斗志高昂的步兵围住很可能难以全身而退。但只要冲锋奏效将敌军阵形打乱，骑士就能免于迎战数量具有压倒性优势的敌方兵力，他们只需要将一部分的敌军击败，再回头朝另一部分的敌军重施故技。然而骑士或骑兵的攻势还是有可能被拖住以致陷入混战：如果只是两方的骑士互攻，那应

该是皆大欢喜的局面；或者骑士或骑兵可以边劈砍周围的敌军慢慢突破前进，这样的战况也还可以接受；真正危急的情况是骑兵深陷敌军的重重围攻完全无法脱身，最终可能导致骑兵全军覆没或被扯下战马之后被迫投降。

骑兵在战事中最主要的贡献还是冲锋造成的震撼效果，虽然不一定每次都奏效；至于以蚕食方式消耗敌方兵力不仅成效有限，而且更适合由步兵执行。因此当骑兵陷入敌阵最好有方法可以帮助他们

欧洲骑士及其装备（1400）

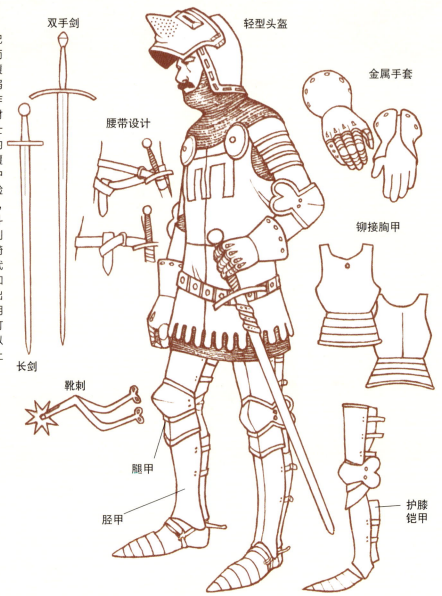

板甲到了15世纪已相当普遍，而链甲一般用来覆盖关节和较脆弱的部位，不再作为主要的护具材质。图中的骑士身穿底衬链甲的胸甲、手脚披覆板甲；头盔的护面甲可以提供脸部完善的防护，在没有进行战斗时则可掀开以利观视和呼吸。骑士使用的基本武器一直都是剑和骑兵长矛，但出战时也可能使用不同的战斧、钉头锤或十字镐以便突破敌人身上精良的防护板甲。

杀出重围，沿用数世纪的传统方法是实行一拨接一拨的冲锋攻击，以连续攻势击溃敌军并且让在前一拨陷入敌阵的同袍得以脱困。第二或第三拨的增援兵力可以阻挡敌军追杀己方撤退的骑兵，退到后方的幸存骑兵就能重整旗鼓准备再战。

当然要维持第二和第三拨冲锋攻击需要一定程度的纪律，而这刚好是骑士组成的兵力中少见的特质。因此后续的攻势有时是从敌阵退下来的一群骑士聚拢后临时成军所发动，导致每次冲锋的威力比前一次更弱，骑士的人数逐渐减少的同时坐骑的体力也消耗殆尽。有时候在这些骑士冲锋时，可能还有同伴仍陷入混战，其他人则退出

奥斯曼骑士的盔甲（1400）

虽然链甲到后来不再是西欧铠甲的主流，但伊斯兰军队仍持续以与西欧骑士的铠甲相比较轻的链甲为主要护具，保护重要部位的地方则多半加缀小型甲片或鳞片以加强防护效果。从两方所用的护具也可以看出不同的作战风格：西方骑士偏好攻城锤式的集中重击法，而伊斯兰骑兵的行动就比较迅捷。伊斯兰骑兵会持续使用较轻便的链甲，很有可能是因为他们没有持骑兵长矛比武的传统，因此就没有改用坚固板甲的需求

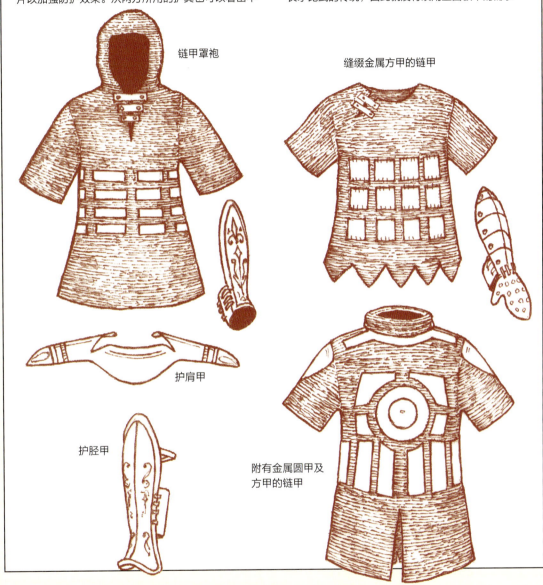

战圈再度聚拢。不过当骑兵部队全军深入敌阵而且退路被截断，就必须自行杀出重围或战死为止。

如果只是双方的骑士对战，或至少两方都有接受敌军投降以换取赎金的传统，那么陷入敌阵无法脱困的后果可能就不至于那么残酷。虽然用来换取大批被俘骑士的赎金高得惊人，可能造成俘虏本人所辖领地的人民为重税所苦，但却不太可能动摇国本。然而让骑士和不愿接受对手投降的敌军缠斗，加上其中可能大部分是平民，却有可能一天之内就折损大批贵族成员。1415年的阿金库尔战役就出现这种情况，当时英格兰军队击杀了为数甚多的法国骑士。

"回马枪"

作战技巧中实现难度最高的其中一项就是诈败之后来一记"回马枪",因为这需要部队具有极佳的纪律与默契才能实行。伊斯兰骑兵在多场战役中都采用了这种战技,在西欧重骑兵向他们冲锋时佯装惊慌四散奔逃,退走时故意维持让追兵差一点就能追到的距离,将追兵引到己方可以群起而攻的位置。等时机一到,"败走"的骑兵就会回头反击疲于奔命的追兵然后又快速撤退,慢慢将紧追在后的人马的体力消耗殆尽

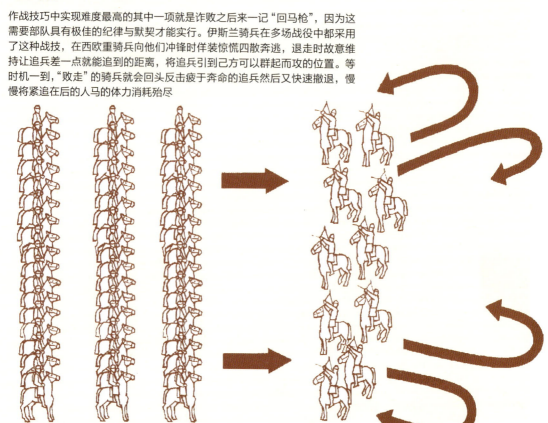

军纪严明的重骑兵和轻骑兵比较有可能听从号令聚集之后发动攻击或保持队形,但是通常比较难说服部分骑士为了战略需要待在后方而眼睁睁地看着其他骑士冲锋建功。

因此骑士组成的骑兵部队虽然在适当的时机可以发挥极大的威力,但也可能出击一次之后就无法再派上用场。在战役中骑士时常顺利冲破敌阵,将敌军驱散之后又重新组队寻找其他可以采取冲锋攻击的对象,但也有时候会陷入敌军的重重包围,最后因为没有后备兵力前来助攻或发动第二拨攻势制造脱困机会,导致全军惨遭屠戮或被俘。历史上多支十字军部队不是因为勇气或战斗力不足而落败,是因为缺乏纪律,1444年的瓦尔纳战役就是极佳的例子。

1444年瓦尔纳战役

由于奥斯曼土耳其人日渐强大,基督教世界萌起将他们逐回巴尔干地区的雄心壮志,派出的军队就称为十字军。然而因为参战的各方部队无法统合,战况几乎立刻转为对十字军不利。十字军遇上一支驻扎在瓦尔纳附近的土耳其部队,当时他们不仅在人数上居于劣势,而且因为地形的关系四面受阻。

十字军的斥候能力不足,导致全军陷入无法后退的境地,同时补给也已不足,这时候别无选择只能进攻。十字军部队以骑兵为主,有数百名火枪兵辅助,很适合采取攻势,然而他们要攻击的奥斯曼土耳其部队不仅兵力分布较平均,人数也超过十字军。十字军留下火枪兵固守营地,由骑兵进攻,但部队还未靠近右翼就遭到奥斯曼

1444 年瓦尔纳战役

瓦尔纳战役中，各兵种员额分配不均的十字军（蓝）几乎全由骑兵组成，因情势所迫必须与兵种员额平均的奥斯曼土耳其部队（红）对战时就显得居于劣势。由于粗心大意加上缺乏纪律，十字军更在全军步调不一致的状况下发动攻势，导致陷入混战动弹不得，无法发挥以骑兵长矛冲锋的威力

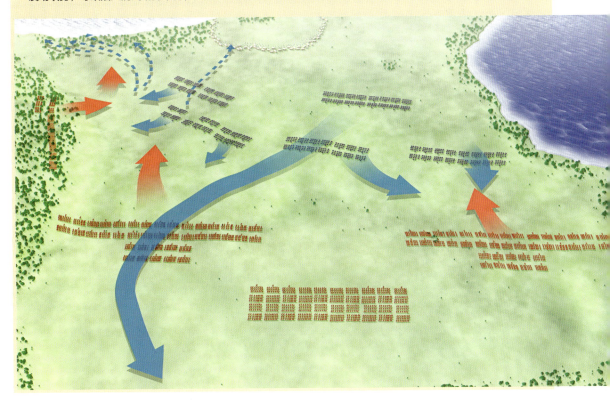

骑兵攻击，但来袭者遭到十字军一击驱退后便败退奔逃。

不知道土耳其人是佯装或真的败退，总之由于右翼的骑兵前去追击败逃的敌军，十字军的兵力反而稍微减弱，阵线中出现了缺口。

有更多土耳其骑兵和一小队骆驼兵反攻追击的右翼骑兵，土耳其人的战马由于之前就和骆驼相处过因此没有受到什么影响，但是十字军的坐骑就被骆驼的样子、叫声和气味给吓到了。加上追击之下疲惫乏力，十字军的追兵最后落败。

追兵的溃败吸引了更多十字军兵力前来试图救援，但援军最后也成为土耳其部队铁蹄下的受害者，只有极少数人侥幸逃脱。

土耳其人同时也朝左翼发动攻击，但是十字军顽强抵抗等到后备兵力前来支持，于是土耳其人溃散退走。一部分十字军在后穷追不舍达数公里之远，也有一些人冲入敌营大肆掳掠，然而暂时退出战圈的这两批人马如果加入战场，却可能是十字军克敌制胜的关键兵力。十字军的中央部队发动攻势，但却是不听号令之下仓促且愚蠢地发起的冲锋，甚至还没有被敌军打退就因为遭受敌方火炮攻击而阵形大乱。两方争战到最后各有不小的损伤而且僵持不下，但是土耳其部队的情况比十字军好，还能勉力支撑。十字军眼见再战也不可能取胜便开始撤退，但是在途中兵力仍持续折损。这次战役中十字军主要的致命伤在于缺乏纪律，此外可能也要加上太过依赖骑兵以致兵力分配不均，骑兵虽然威力十足但需要步兵和投射武器部队的支持，刚好是奥斯曼土耳其人所有但十字军所缺乏的。

骑马战士 **079**

描绘英法百年战争期间法王查理七世（1422—1461）在位时发生的一场战斗，图中可见重装骑士和武装骑兵，由前景的残迹可知此次冲锋大获全胜

楔形冲锋

成列冲锋之外的另一种冲锋方式是楔形冲锋，其优点在于可以提升阵线的深度和威力但不至于让置于最前排的骑兵长矛的数量锐减，而附加的优势则是可以将冲锋攻击的杀伤力集中于一点，专门攻向敌方的某个队形将其冲溃。有时候会将武器装备最为精良的骑兵安排在楔形队形的最外围，而装备偏轻的骑兵则排在内圈，在骑士文化中则是指侍从和武装骑兵，可能也包括随同贵族上阵的轻骑兵。拜占廷帝国的指挥官则会让重装甲骑兵排在外侧，内侧安排弓骑兵以提升攻击力或在双方混战需要人手时增援。

楔形队形多由骑兵与步兵联合排成，可能是骑兵排成数个底边相接的楔形队伍之后，后面再由步兵以传统队形排列。骑兵的楔形队伍杀入敌军阵线并将对方的队形打散之后，在后的步兵就可以前进了结敌军的性命。

轻骑兵和负责投射武器的步兵等兵种会穿着这种链甲背心防身，虽然不足以抵挡对方冲锋时骑兵长矛的突刺，但对于机动性高的兵种仍具防护效果

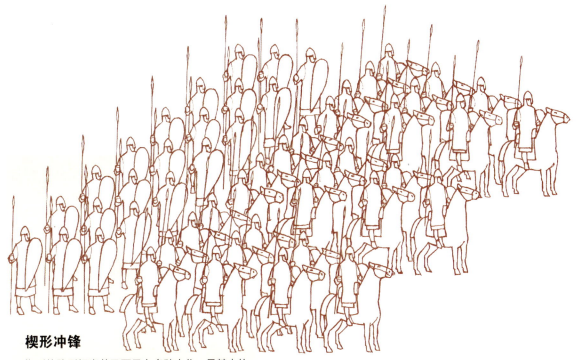

楔形冲锋

楔形的队形相当普及而且有多种变化，最基本的形式是由全副武装的骑士或重骑兵组成楔子的"外壳"，而装备较轻的武装骑兵和侍从则排在内侧，等到双方短兵相接之后装备较轻的兵员就能投入混战增援。比较高级的版本是以骑兵排成的楔形队伍冲破敌方阵线，让步兵在骑兵突破之后得以随后进攻，这种方法不仅可以有效提高攻击力，如果骑兵不幸陷入敌阵，也有增援的机会

其他战术

敌军在遭到骑兵冲锋之后士气可能大受影响，常会溃不成军抱头鼠窜，因此理论上只要采取摆出冲锋的阵势或是让骑兵冲出一小段路之后勒马的战术就足以奏效。如果敌军的阵线溃散了，骑兵就能冲出去攻击；如果没有达到吓阻攻效，骑兵可能需要散开再重整队形。

然而真实的状况其实极难控制，一旦骑兵开始冲锋，就算有可能以某种号令的方式要他们半途停下也极为困难。可能出现的局面里最好的算是大批骑兵在一团混乱中暂停攻击，可能有人冲入敌阵而其他人停下，这也是灾祸酿成的最好时机。

只有训练有素且军纪严明的骑兵部队可能成功实行佯攻战术，而历史上记载的佯攻大多数是在巧合之下发生的。比较可能发生的情况不是指挥官决定佯攻欺敌，而是本来确实打算冲向敌阵但是可能由于什么缘故造成战士转向、战马退却，攻势在敌军接战之前就瓦解了。姑且不论其他原因，佯攻对于战马而言所需消耗的体力几乎和实攻相同，因此除非兵力足够在佯攻之后还能保持实攻的威力，否则真的没有什么动机要假装进攻。

即使骑兵只是坐在马上面对目标，敌军就会因为即将面临冲锋攻击而感到威胁。骑兵部队可以挡住追兵或迫使敌方步兵停下并保持密集队形自保，如此一来敌方步兵就无法进攻或在战场上快速前进或撤退，同时也会成为投射部队的最佳攻击目标。而攻守有序的骑兵还能在己方的射程范围之内发动冲锋，迫使敌方步兵聚拢成为己方弓箭手或投射部队的标靶。如此一来步兵即无法在前进攻击弓兵的同时避开骑兵的冲杀，如果想要快速退离射程范围又必须冒着队形溃散的危险，因此又有可能成为骑兵的蹄下亡魂。然而聚在一起留在原地虽然可以抵挡骑兵的冲锋，兵员却会在箭雨攻击之下陆续折损，到最后队形仍然无法维持，这时再经过骑兵冲杀，剩下的步兵也将命丧沙场。

不同国家和势力都曾使用这种由不同兵种进行联合攻击的战术，不过除非有地位崇高的优秀领袖坐镇指挥并约束麾下部队，否则骑士多半无法有效执行任务。

至于诈败佯退的实行难度则较低，理论上战士看到敌人退出战圈想逃走时就会忍不住想从后追击，然而脱离原先紧密的队形反而容易受到攻击。但是在有效攻击范围之内如果还有另一支骑

法国骑士冲向英军：英法百年战争中多场战事都是由法国骑士对抗人数较少但有长弓兵支援的英格兰骑士

联合作战

联合攻击行动必须善用每个兵种的优势才能发挥效果。己方步兵攻向敌军步兵时可由投射部队作为前导，先向敌军发射箭弹削弱其兵力或瓦解其队形，而投射部队两侧则安排骑兵，让敌军步兵在忌惮之下无法冲杀己方弓兵。一旦敌军的队形瓦解，配备投射武器的散兵部队就能退下让步兵紧接着发动攻击。理想的状况是成功将敌方原先队形齐整的步兵击溃，再由骑兵追杀陷入混乱的敌军；如果攻势受挫，敌军担心遭到骑兵攻击也不会再追击己方步兵

兵部队，通常就不会由步兵前去追击而是由骑兵前往，这样诈败的一方就必须转头迎战。

所谓知易行难，为了要让对手信以为真，诈败的一方必须装出陷入混乱的样子好像真的被打败了，这表示如果有保持队形或转向的号令也不能适当传达或遵行，如此一来状况可能极为狼狈，之后再回头攻击的威力也会比预期的还要弱。但是苦苦追赶的一方也疲惫不堪，加上猝不及防遭到败走的骑兵会合攻击，可以稍微抵消诈败的混乱带来的战斗力损失。

战场上实际发生的诈败撤退中有时很可能是故意为之，不过历史上也有很多例子其实纯属意外。当骑兵散开重整队形准备再次冲锋时可能有点混乱，而敌军如果特别好战可能就会认为是追击的好机会，没想到冲上前去骑兵也刚好重新整队完毕，下场自然凄惨无比。另一种情况是一方的骑兵确实要撤退，但是其中一小队的指挥官决定全队转头再战，最后影响到其他人也纷纷回马。

不管是哪一种情况，获胜一方的统帅最后肯定会宣称是有意运用战术，这样不仅能将自己捧成军事天才，也能避免外界流传自己的骑士被人追击。但在指挥官确实下令诈败撤退时，也会有弄巧成拙变成败退的风险，因为要骑兵在混乱中背对敌军退走可能引起恐慌，或者可能有意想不到的威胁迫使骑兵必须继续奔逃，甚至一路逃离战场。

败走或退走？

伊斯兰骑兵在迎战西欧的重装部队时最爱使用的战术就是故意退走，而此举也有同样的风险。

塞尔柱突厥弓骑兵

虽然西方国家也有持投射武器的马上部队，但弓骑兵的概念基本上源自东方，他们的盔甲较轻，坐骑体型不大但速度很快，专精于大范围的前哨战。弓骑兵能够快速冲向敌军射箭攻击之后退走，以这种方式持续造成敌军的压力，而成群弓骑兵飘忽无踪，想要追踪他们的难度就像是在大群飞虫中锁定一只虫。有些地区的弓骑兵部队会采取较正式的攻击行动，比如成列接近敌阵之前开弓然后退开，接着再回头一起或接续发射。由于行动极为敏捷，因此弓骑兵通常可以躲开其他类型骑兵的攻击，甚至边退边朝追兵射箭，等到确定安全之后再回马靠近敌阵

伊斯兰轻骑兵深知冲动的对手会迫不及待向任何出现在视线内的目标冲锋，因此会故意现身做饵，希望能引诱对手发动攻击。一旦重骑兵大举进攻，这些轻骑兵就掉转马头撤退，冲锋攻击也就扑了空。重骑兵的坐骑很快就会筋疲力竭，而他们引以为傲的骑兵长矛冲锋攻击也就失去威力。

这种战术还有比较复杂的版本，是在退走时故意留在冲锋而来的骑士可以攻击到的范围，逐渐将他们诱离步兵可以支持的区域同时消耗其坐骑的体力。等到骑士追得人疲马乏无法发动冲锋时，再以弓箭逐渐消耗其力，最后群起围攻。这样的情况也可能出于偶然，是由于骑士太靠近猎物而且追击时间过久却未发现自己深入险境所导致。

同样地，英明的指挥官只会声称这是战术的运用，绝不会承认是本来要用计策但最后发展出人意料。不论是哪种情况，退走的部队都冒着被追上的风险，背后遭到攻击比正面对战的局面还

十字军征服耶路撒冷之后建立了由欧洲贵族统治的王国，第三任统治者为博杜安二世（Baldwin II），在位期间时幸时不幸，所领导的战争有大胜也有惨败

要糟，甚至有可能正中追兵下怀遭其剿灭。但是战术如果奏效，装备逊色许多的轻骑兵就得以击败本来可以轻松踏平他们的重装骑士。

整体而言，除了冲锋后开始大混战这种直来直往的战法，其他战术都需要严守纪律的专业骑兵部队才能实行。骑士的作战能力完全足够，但在独特的社会体系之下反而难以在必要时用纪律予以约束。

然而还是有强势的领导者可以办到，而中世纪战役里一名统帅之所以伟大，一方面当然在于战术运用得宜，另一方面就在于他能够让骑士听从号令而非各行其是。骑士缺乏纪律时可能影响战局甚至导致惨败，1104年哈兰（Harran）战役中的十字军就是很好的例子。

1104年哈兰战役

十字军第一次出征后不久，西方的骑士夺下耶路撒冷及周围地区，但在1101年就发生一支十字军部队全军遭到屠杀的惨剧，这是当地的伊斯兰统治者第一次在战场上击溃十字军并证明所用

1104年哈兰战役

哈兰战役中十字军（蓝）诈败撤退，希望将对敌的土耳其军（红）引到伏兵可以攻击的范围。然而十字军不但没有如计划中听令撤退，反而转头追击敌军的轻骑兵，结果攻击不但失效反而遭到敌军的其他兵力夹击。由于前去追击的部队距离过远无可挽救，埋伏的十字军别无选择之下只能分散败走

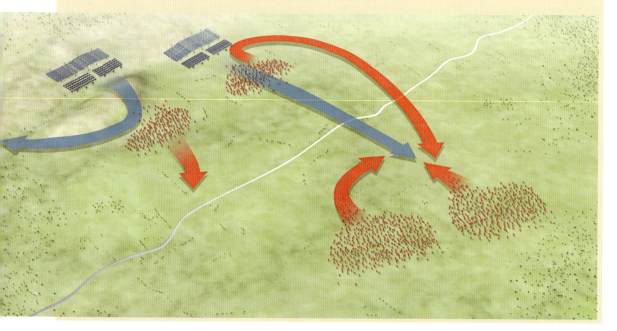

十字军使用的武器

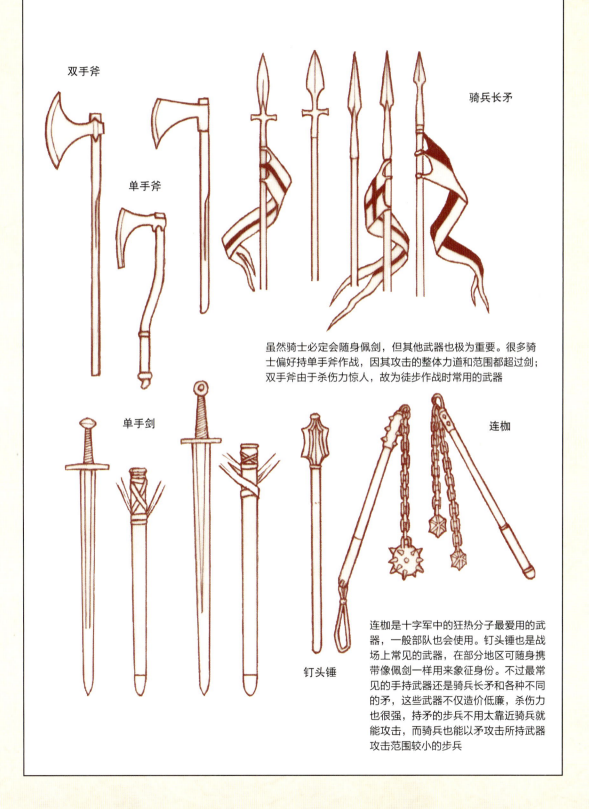

虽然骑士必定会随身佩剑,但其他武器也极为重要。很多骑士偏好持单手斧作战,因其攻击的整体力道和范围都超过剑;双手斧由于杀伤力惊人,故为徒步作战时常用的武器

连枷是十字军中的狂热分子最爱用的武器,一般部队也会使用。钉头锤也是战场上常见的武器,在部分地区可随身携带像佩剑一样用来象征身份。不过最常见的手持武器还是骑兵长矛和各种不同的矛,这些武器不仅造价低廉,杀伤力也很强,持矛的步兵不用太靠近骑兵就能攻击,而骑兵也能以矛攻击所持武器攻击范围较小的步兵

勃艮第马弓兵（1475）

很多部队都尝试过让步兵骑马，也就是移动时骑马以加快速度但作战时仍采徒步的步兵，勃艮第的马弓兵就是一例。他们的装备较轻且随身佩剑，手上的弓因为过长无法在马背上使用，所以训练的目标是骑到接近敌军处之后下马，然后边前进边开弓。这种作战方式由于上马和下马会拖延时间，再加上需要留一部分人力顾守马匹，因此效率不佳，不过确实可以做到短时间之内在战场上快速移动并给予敌人出其不意的一击

的战术有效。十字军新成立的安条克公国当时的统治者大公博希蒙德（Bohemund）企图重振十字军的声誉，他决定从塞尔柱突厥人中夺下当时由于继承纠纷而陷入混乱的摩苏尔（Mosul），而塞尔柱突厥人则暂时放下内部矛盾合力抵御外侮。

博希蒙德麾下约有3000名重骑兵，还有数量为骑兵三倍之多的步兵，其中多数是弓兵。大军朝摩苏尔开拔，途中行经筑有防御工事的哈兰市，市民虽然投降但城中的驻军不愿屈服。博希蒙德的军队还未及攻城，由10000名左右的骑兵加弓骑兵组成的塞尔柱突厥部队就现身了，博希蒙德决定与敌方一战。虽然历史上没有记载两军交接的确切地点，但是战争经过却有详细记录。塞尔柱突厥骑兵的盔甲没有十字军那么精良，因此防护上显得不足，也没有准备好迎战对手的冲锋攻击，但在武器上并不逊色，配备的是长矛和弯刀，而盔甲较轻意味着行动上更加迅捷。

博希蒙德要部分兵力躲在一座山丘后面，打算在适当时机放出这支伏兵，剩下的兵力则来势汹汹地朝塞尔柱突厥部队前进，对方则在射出一阵箭雨和标枪之后撤退。十字军撑过万箭齐发的攻势之后从后追击但一直无法赶上，退走的塞尔柱突厥部队越过拜利赫河，而十字军仍驱着疲惫的坐骑苦苦追赶，离埋伏的己方兵力越来越远。

等到十字军的人马追赶到气空力尽，塞尔柱突厥部队终于转头攻击，其他塞尔柱突厥人也一拥而上将骑士围困在内。战况很快就变为一名或一小群骑士面对大批敌兵的围攻，甚至轮番上阵持续消耗他们的体力。埋伏的十字军开始前进，但很快见机撤退。陷入重围的十字军最后只有一部分人马得以逃脱，其余全部阵亡。

塞尔柱突厥人在哈兰战役中将诈败诱敌的战术发挥得淋漓尽致，成功将装备精良的骑士诱入装备不足也可群起围攻的局面。如果十字军有后备部队且控兵得宜也许可以救回受困的骑士，可惜没有。

放哨与站岗

部队中放哨与站岗通常是由轻骑兵负责，虽然不算战术但在战局中却占了举足轻重的地位。轻骑兵兼具侦察与劫掠的功能，可以从部队行进的地区搜集情资与补给，同时可以预防敌军也前来探查或打劫。这类军事活动的影响很细微，但有时可能发挥关键性的作用。指挥官充分掌握军情之后可能会改变行军路线或速度以便在有利的地点迎战敌军，但在情报不足的状况下可能会在

中世纪的军事活动大部分是攻城或突袭劫掠，此幅插画的年代约为1380年，其中骑兵正要放火焚毁建筑物，而修女试着拦阻要在修道院放火的士兵

荒野中乱闯，白白浪费时间和部队的体力，甚至可能因为有人叛逃或发生意外，损失兵员。

同样的，当两军的距离逐渐拉近，指挥官也需要知道敌军的兵种配置与数量。部分地区的习惯是只要看敌军队伍中飘扬的旗帜就知道对方的兵种，通常也能得知其身份地位；从参战领主的身份一般就可分析出他带来哪些兵力，以及其麾下有哪些贵族也可能随同前来。

轻骑兵可以带回这些情报以及敌军行踪及兵力分配等其他直接观察的结果，可以穿越普通信使可能无法独自通过的敌方领土传递信息，还能在部队外围巡逻注意敌军是否接近，一旦有紧急情况也能直接应变。

虽然轻骑兵可能无法应付敌人的重装主力部队，但可以攻击小队人马或骚扰大队人马。由于机动性强，他们可以攻击之后快速撤离避开反击，因此很适合执行突袭任务。出任务时甚至可能遇到削弱敌军力量的良机，比如在敌军行经的树林放火，或者伏击防卫不足的补给马车。轻骑兵也可以进行较初级的小规模滋扰型突击任务，比如攻击敌军的哨兵或出来收集柴薪、食物和水的士兵。虽然这种行动不怎么光彩，但却能让敌军大为头疼，借助造成伤亡、切断补给或持续打击士气来削弱其战斗力。

当己方部队遭到敌军派来的轻骑兵滋扰时，最佳的反击方法就是派出轻骑兵或行动同样迅捷的部队前去追击。轻骑兵就像是军队的耳目，一方面骚扰敌军，一方面保护己方部队免于遭到敌方以同样的手段滋扰。在短兵相接的短暂战事中轻骑兵的贡献可能并不突出，但在双方隔着一段距离对峙的持久战中，得力的轻骑兵部队无疑是极其重要的生还保证。

结语

骑士到了16世纪逐渐从战场上消失，然而重装骑兵绝不是在一夜之间消散无踪，到了17世纪的英国内战和多次宗教战争的战场都还能看到全副武装的骑兵，他们在拿破仑的时代再度现身，这时候的胸甲甚至可以防住火枪弹丸。历史上记载的最后一次重骑兵冲锋攻击是在1914年由法国的胸甲骑兵发动，但到了这个年代他们的甲胄已经没办法有效抵御当时的武器了。

将骑兵赶出战场的并不是火枪，其实遭到直接攻击时他们穿戴的盔甲几乎足以防护身上绝大多数的部位，但随着经济、社会和战术与时俱进，由全副武装的贵族骑士出战的习惯也慢慢走出历史。

步兵

通常只有贵族才骑马上战场,他们也是出资委托织匠制作记录战事的壁毯以流传后世的金主,因此画面中央一般皆由骑士和领主占据,而且鲜有例外,以至于后世对于中世纪战役的印象多少流于片面。

这幅 14 世纪的法国插画描绘了骑士及武装骑兵徒步作战,画中明显可见剑和长柄武器皆有人使用

089

中世纪最为人瞩目的战士莫过于骑兵,但步兵在交战、攻城和突袭时同样扮演决定王国兴衰的重要角色。虽然壁毯上一般将他们描绘成"同时在场"的配角,但步兵的行动有时也具有关键作用。有些地区连王公贵族也徒步作战,而在这些区域就由一群"重步兵"或地位同样较高的专业步兵取代骑士成为诸侯的家臣;他们虽然以马匹为交通工具,但在作战时还是下马徒步。中世纪时也确实有统治者会在特定情况下要求骑士下马作战。

下马作战最显而易见的原因之一就是坐骑受伤或需要围攻要塞,不过有时基于战略需求有一支徒步作战的精锐部队也颇有帮助,尤其是在采取守势的时候。由于下马作战越发普遍,战士慢慢开始使用双手剑之类的特殊武器,对于只在马背上作战的人而言这种武器用处不大,但在徒步使用时的威力却大于标准的单手用长剑。随着武器越加精良,战士的训练方法也有所改变,有些骑士开始更加注重徒步作战的技巧。

大部分区域都有专业的步兵部队加上民兵或征召而来的兵员,但对于非专业兵员的战斗力最好还是不要期望太高。一般而言,专业步兵的武器比较好,身上的盔甲也是可负担范围之内最精良的,有些甚至可以媲美骑士的装备;至于征召来的兵员,可想而知会将手边可以当成武器的任何器具带上战场。有些地区会发给民兵标准配备,甚至提供一点作战训练,让他们可以维持起码的战斗力以便支持精锐的专业步兵。

历史观点

步兵是最基本的兵种,即使手无寸铁的人也可以担任,虽然在战场上的杀伤力可能不强,但是只要捡起石块或拾根木棍还是可以提升战斗力。因此要召集一支步兵部队并不困难,不过战斗力就要仰赖作战技巧和装备的提升。

步兵作战可以追溯至石器时代的战团,其成员用矛和木棒当武器,而护具可能是厚厚的兽皮。技术进步之后武器也跟着改良,先是青铜或铁制匕首,矛也打造得更长更直,最后发展出长剑和战斧等相对精细的武器。护具也随之进步,从一开始的厚层衣物到后来的特制金属和皮革制甲胄,多半还会加上盾牌。

随着时代变迁、战士的配备越渐精良、可能面对的敌人种类以及文化上的多种因素,战术也持续发展。包括古代斯堪的那维亚人在内的部分文化就发展出独立性极强的战士,他们多半集结成小型战团之后发动袭击而且讲究行动迅捷,作战风格和专门接受大规模作战训练的军队十分

巴约挂毯的其中一段,描绘了诺曼骑士攻击撒克逊人的盾墙。注意图中紧密扣接的盾牌以及各人所用武器,矛兵群中还可以看见一人持斧

链甲可以妥善保护遮覆住的部位,但需要加穿具衬垫或皮革制的衬衣,才能避免擦刮并在被击中时有所缓冲

民组成高度组织化且有效率的步兵部队。不过由于参战的人数逐渐增多,比较有组织的部队编制也就势在必行,否则极易在战场上酿成大祸。

部队成员中多是为了保卫家园或善尽社会义务而参战,大部分地区派出的军力都只有一小部分是专业士兵,但人数绝不会多,不只是因为装备所费不赀,也因为专业军队对于地区的经济而言是一种损耗。

士兵只有在劫掠地方和出征得胜时会对国库有所贡献,但在和平时期不能生产但会消耗钱粮。虽然协助打击不法行为和抵御外人入侵对于经济有正面影响,但任何社会可

不同。

这些战团的成员多半具有臣属、亲属关系或属于同一部族,他们的装备可能非常多元,有人用弓箭而其他人用矛,比较富裕的成员使战斧或剑而且多有甲胄护身。如果现代读者看到多个战团凑在一起组成军队,可能会好奇为什么不将不同兵种重组之后提升战斗力。

当然也可以从每个战团分别挑出弓兵和轻装标枪兵,让他们分别组成弓兵部队和散兵部队,而剩下的大部分兵员可能是持矛或匕首和盾,可以让他们组成步兵部队,最后剩下甲胄装备最齐全的重装兵员则组成精锐重步兵部队。这种做法虽然在军事层面上较有效率,但正常来说却完全行不通。

因为这些战团成员向来和族人以及首领并肩战斗,而其他的矛兵即使和他们的装备相同也还是陌生人,在中世纪欧洲早期仍以部族文化为主,要部族成员和陌生人一起作战几乎是异想天开。一直到王国兴起,才有可能以领袖的权威要求臣

摩尔步兵

这种使用剑与盾的步兵有时会穿较轻的铠甲,攻入敌军部队时的杀伤力很强且能挑起混战,在同样混乱的攻城战事中也能发挥相当的威力,不过在正面交战的时候,因为武器攻击范围有限加上缺少护甲就处于劣势了。很多摩尔指挥官会让这种战略价值较低的步兵部队在前面打头阵当活靶,让比较重要的部队随后,这样全军接近敌阵的时候虽然会遭到投射武器的攻击造成人员伤亡,但可以尽量避免牺牲战略价值较高的部队

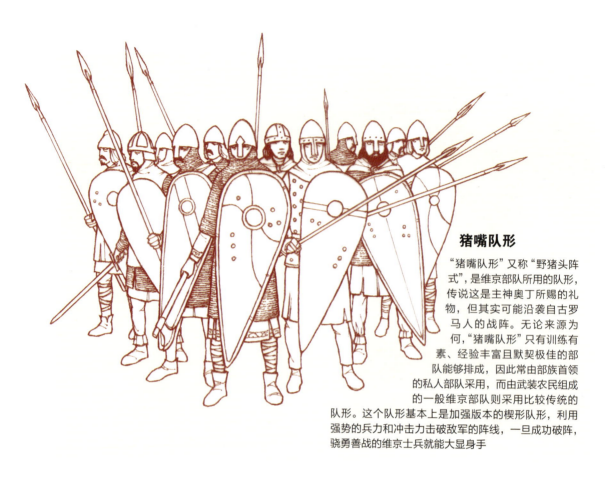

猪嘴队形

"猪嘴队形"又称"野猪头阵式",是维京部队所用的队形,传说这是主神奥丁所赐的礼物,但其实可能沿袭自古罗马人的战阵。无论来源为何,"猪嘴队形"只有训练有素、经验丰富且默契极佳的部队能够排成,因此常由部族首领的私人部队采用,而由武装农民组成的一般维京部队则采用比较传统的队形。这个队形基本上是加强版本的楔形队形,利用强势的兵力和冲击力击破敌军的阵线,一旦成功破阵,骁勇善战的维京士兵就能大显身手

维京人戴的并不是大众印象中那种时髦的有角头盔,事实上他们偏好防护功能较佳而且可以遮护眼鼻的款式

盾墙

组成盾墙是一种基本的队形配置，由士兵将盾牌略微交错排列形成，而所持武器则由盾牌之间或上方伸出，部署容易且具防守功能，但必须牺牲机动性。后排的士兵可以帮前排巩固队形并越过前排士兵的肩膀攻击敌军，盾墙只要维持不倒基本上极为坚韧耐打，但是前排如果被敌军攻破，队形也会快速瓦解

以蓄养的常备军队人数都有限，到了战时却又不足以应付所需，必须从一般人当中挑出一批具有战斗力的兵员。

各个地区都有类似的征兵制度，比如盎格鲁－撒克逊时代的"民军"或法国在战时颁布的《全臣出阵令》；实施原则也很相似，即由领袖征召民众从军。官方可能提供初级作战训练也可能完全没有，不过这些民兵由于平时从事技击型的运动或偶尔参与游斗因此多少有一点经验。

民兵装备

形形色色的民兵所用的装备相当基本，通常只有矛和某种盾，加上任何可以自备的武器。作战队形也很简单，标准的防守队形是盾墙，由紧密排列的一群士兵将盾牌并排扣连，所持的矛则由盾牌上方伸出。组成盾墙之后就不太能移动以免队形瓦解，不过一旦组成就牢不可摧，能够妥善保护在内的士兵，而一群人紧紧靠拢也有助于提升这群训练不足的兵员的士气。

战斗时则需要排成较松散的队形，尤其当士兵用的是剑或战斧。指挥官的示范作用在这时候比其他任何时刻都重要，如果指挥官退缩了，或更糟的是被击杀，部队也会随之溃散。反过来说，如果国王、领主或其他领导者信心满满地朝敌人进攻，那么手下军兵也会因此受到激励而斗志高昂。

越到中世纪后期，步兵部队的制度和规范也逐渐演变，但扮演的角色大致不变。专业步兵一般出身自耕农阶级，因此装备良好也受过相当的训练，他们在战场的表现通常也足以赢得尊重。当时的军士确实可能因建立战功而获授骑士爵位，因此从军算是平民晋升贵族的唯一途径。

贵族、专业士兵与农民兵

欧洲大部分地区皆实行封建制度，每个社会阶级的成员都必须对其上的阶级尽忠效劳，因此国王可以要求手下的领主派遣部队，而领主可以要求所属的骑士善尽军事义务，一般百姓也有义务应招前去参战。这种征兵制度在不同时期有不

盎格鲁－撒克逊战士用的双手斧，这种武器比剑容易制造且杀伤力极强

同的名称，盎格鲁－撒克逊人称前来的民兵为"民军"，法国则称这种召集令为《全臣出阵令》，而一般通用的称呼即征兵制。部分领主可能会在权衡之后让征召而来的兵员接受基本的战斗训练，不过这种情况并不多见。

一般而言领主不会在征召而来的兵员身上花太多心思，对他们的期待也不高。这些农民兵由于装备和训练不足，上战场之后常常四散奔逃，或落到被装备和训练较佳的部队屠杀的下场，因此民兵部队原本就相当败坏的名声也就更形恶化。

重步兵禁卫队

除了骑士和征召而来的民兵，贵族也会蓄养一批专业部队，在上级领主有兵力需求的时候就必须带着部分或全部兵员一同出征或将他们派去参战。有些骑士会在贵族的亲卫部队中领头，其

战斧

战斧威力极强但是一击落空却可能致命。图中右侧的战士挥劈落空之后必须重新举起战斧，但这么做就没什么机会躲避敌人的反击。注意两名战士身上所附有背带的盾

盎格鲁－撒克逊步兵

盔甲、衣着和装备

盎格鲁－撒克逊人的专业步兵的配备相当标准化，在战场上持战斧或矛，另外携带剑和盾防身，通常也会随身带刀或匕首当作工具或应急的武器。身上的护具包括无边帽或头盔以及穿在平时衣物外层的短链甲和束腰外衣。不上战场时，战士可能会视行动方便与否决定要不要带剑，但一定会随身带刀

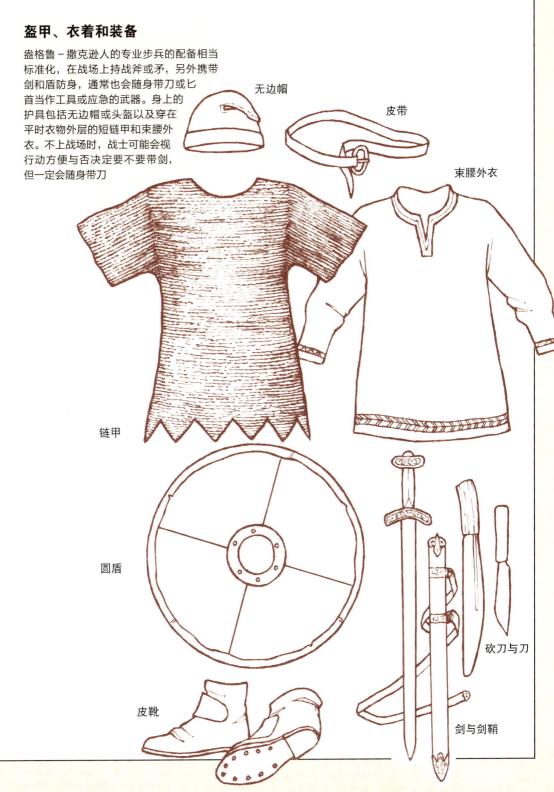

无边帽 / 皮带 / 束腰外衣 / 链甲 / 圆盾 / 砍刀与刀 / 皮靴 / 剑与剑鞘

瓦兰吉亚禁卫队

拜占廷皇帝招募优秀的维京人所成立的精锐禁卫队,这些骁勇善战且不具政治立场的队员只效忠拜占廷帝国的统治者一职而非皇帝本人。过去曾有禁卫队成员在皇帝遭到暗杀时奔去抢救,但发现皇帝已经断气就撒手不管,即使他们平常宁可牺牲自己的性命也要保护皇帝,但只适用于他还活着的时候。此外禁卫队员也拥有很特别的权利,皇帝去世时他们可以到国库取走任何想要的财宝。巴约挂毯中的盎格鲁-撒克逊重步兵,由图中明显可见其所持的剑与战斧,由衣着也可看出该名步兵家境优渥

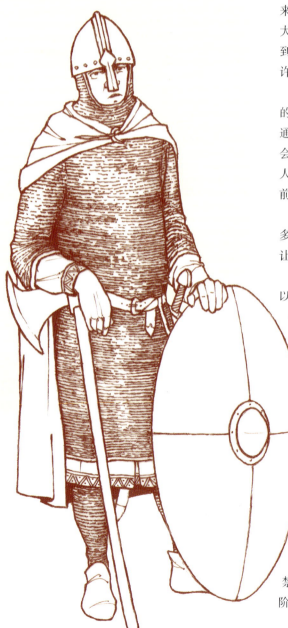

他人则将手下士兵交给其他指挥官之后自己加入骑兵部队。中世纪初期很多国王和领主都拥有"重步兵禁卫队"(House Carls; huscarls),这种私人部队在很多方面都和骑士相似,同样具有政治和军事功能。除了保护领主并担当军队中的核心兵力,他们也身兼统治者的使者及执法者。

重步兵禁卫队的薪饷由领主发给,支领的常常是现金而非封地或其他贵重物品。不过有些地区的重步兵禁卫队成员家境富裕可以自给自足,就像受封领地的骑士一样可由领地收税维持经济来源。封建时代分封采邑的制度就是以领主分封大片土地给禁卫队作为收入来源为基础,一直到重步兵禁卫队从欧洲战场上绝迹之后还延续了许久。

重步兵禁卫队也有马匹可以骑上战场,他们的护具一般包括链甲或连环甲和头盔,防身武器通常是长剑,在战场上偏好使用双手斧。很多人会接受换边握斧的训练,可以更容易挥劈攻击敌人缺乏防护的一侧。有时也会在两军短兵相接之前使用飞斧打乱敌方的队形。

禁卫队成员长于进攻与单兵作战,携带盾时多半是系在背上挡箭,在肉搏战中常常以攻为守让对手忙于招架无法还击。

面对威廉公爵麾下由骑士和弓兵组成的军队,以重步兵禁卫队为核心辅以征召的民兵的部队即使采取守势仍节节落败,因此1066年诺曼人征服英格兰之后重步兵禁卫队和其他类似的步兵亲卫队不再获得统治者的青睐。然而孕育出重步兵禁卫队的社会体系并未消失,禁卫队员也依旧存在,很多成员到外国受雇成为佣兵,最著名的例子就是专门保卫拜占廷帝国君王的瓦兰吉(Varangian)禁卫队。

俄罗斯和乌克兰地区的国王与领主麾下有所谓的"卫队",这种制度是由前来东欧为领主效力的斯堪的那维亚人所传入,其功能和西欧与斯堪的那维亚的重步兵禁卫队相似,在战时担当核心兵力,平时则负责征收贡赋。早期的功能虽然和其他地区的重步兵禁卫队相似,但到后来便演变成骑马作战的统治阶级,和西欧的骑士地位更为相像。

巴约挂毯中描绘的盎格鲁－撒克逊重步兵,图中明显可见所持剑与战斧,由衣着也可看出他们家境优渥

军士

欧洲人部分地区的承步兵禁卫队和类似的兵种逐渐演变成具有"军士"或"武装兵"头衔的专业士兵。如先前所述,"武装兵"一词可指称包括骑士和弓兵在内的所有专业士兵,不过后来慢慢固定用来指称社会地位略低于骑士但高于一般平民的士兵。

军士或武装兵有希望借助战场上的表现获得拔擢为骑士,同时领主给予的薪酬待遇算是相当不错,甚至贵族家庭的儿子如果一时财力不足无法负担骑士所需的装备,也可能选择先担任地位较低的军士。

如前所述,有些武装兵的装备属于武装骑兵,其他则是武装步兵,一般持矛、长柄武器或战斧,可能也会携带剑或匕首防身,不过很少有人以此作为作战用的主要武器。另外有一种签约领薪的专业士兵是佣兵,有些本来不过是盗贼或混混,有些则是没有封地但装备和骑士相当的贵族,而大多数都和贵族领主麾下其他专业士兵没什么不同。

中世纪佣兵在战场上的表现就和其他时代的佣兵一样时好时坏,但其名声却因为夺取战利品当作所得或额外的薪酬的做法而败坏;没有领到薪酬或遭到雇主忽视的佣兵比较可能抢夺粮食,这一点还可以理解。佣兵有时候也会因为另一方开出更高价码而倒戈相向,但不太常见,因为如果失信于雇主之后可能很难再获得雇用。

佣兵的装备和类型也和其他步兵一样多元,大多数装备齐全,还有很多佣兵团是由贵族率领,而身份尊贵的首领,可能会下马带领手下徒步作战。

1066年的斯坦福桥村

在著名的黑斯廷斯战役结束之后不久,英王哈罗德再次领兵出战维京人并获胜而归。这次仍旧是为了王位继承而掀起战火,"忏悔者爱德华"(Edward the Confessor)去世之后没有公认的继承人选,后来虽由哈罗德继位但其他贵族仍有

巴约挂毯中描绘的 1066 年 1 月英王哈罗德二世（Harold II）的加冕典礼

异议，其中一名声称拥有继承权的是诺曼底的威廉公爵，还有另一人就是哈罗德的弟弟托斯蒂格（Tostig）。

托斯蒂格和挪威国王"无情者哈拉尔"结盟，哈拉尔派了一支军队前来协助他夺取王位，数千名北地战士在约克郡登陆，在开战前虽然曾发动零星的袭村和劫掠行动，但是这些挪威战士很清楚这次有一个更远大的目标，他们想要征服英格兰。

当地的两名伯爵率军迎战挪威军队但是惨败，按照当时的习俗，托斯蒂格和哈拉尔需要人质，于是安排将俘虏送到驻扎在斯坦福桥村的挪威军中。

哈罗德决定利用挪威人等着接收人质的机会进攻，但当时他可以差遣的兵力严重不足。这是因为当时身份属于自由民的臣属虽然有应招从军的义务，但是只需要从军两个月，而哈罗德之前预期继位后可能会有战乱时已经征召过一次兵员了。等到挪威军队上岸的时候，征召来的人部分兵员都到了要回归乡里的时候，哈罗德可用的兵力只剩下常备的专业部队——大约 3000 名训练有素、经验丰富且忠心耿耿的重步兵。可想而知他们的身材也维持得很好，因为在英王的命令下他们必须在四天内行军 288 公里前去攻击挪威人。

英格兰军队神速抵达之后攻得挪威人措手不及。挪威军队本来信心满满，以为当地村民应该会畏怯瑟缩地献上贡品和人质，没想到会有几千名虽然疲惫却依然斗志高昂的精兵等着痛宰他们。

挪威人毫无心理准备，根本连盔甲都没有穿，在英格兰军队刚开始进攻时就折损不少兵力。许多挪威士兵试着过河，留下一小群人殿后抵挡英格兰军队的追击，让同伴匆匆披戴盔甲重新整队——大多数的记载指证历历说，当时仅有一员断后。

挪威士兵组成楔形盾墙抵御哈罗德的重步兵的攻击，可惜左支右绌，只能在英格兰军队的强势攻击之下勉力维持队形不散同时努力思考应对之策。哈罗德的部队主要由重步兵组成，不过他也带来一些民军，可能是途中征召到的兵员。民

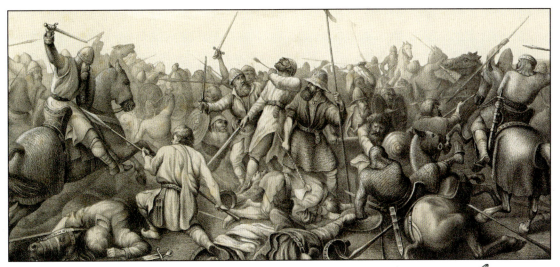

1066年的斯坦福桥村战役,图中部分战士骑马,虽然重步兵有可能骑马上战场不过仍惯于徒步作战,因此骑马作战的部分很可能并非如实描绘

19世纪插画,其中的诺曼武装兵以剑、斧及矛为武器,所持的鸢盾极为显眼

军中有一批弓兵,挪威国王哈拉尔就是被其中一人的箭矢射死。哈拉尔阵亡之后,托斯蒂格无权指挥挪威部队,盟军的阵线于是溃散。

部分挪威人成功逃脱,但是大多数当场阵亡或在逃离途中被杀。这群斯堪的那维亚人经此一役元气大伤,有很长一段时间都没办法再威胁英格兰军队。

英王哈罗德才刚击败一个想抢夺王位的对手,却又接到消息说威廉公爵已经在英格兰南部登陆,不得不再率军一路南下迎战。他的步兵在面对同样以步兵为主的挪威部队时大胜,到了黑斯廷斯却被骑兵和弓兵的部队击败。

描绘查理大帝的骑士持剑与盾决斗的 14 世纪插画,其中的装备晚于查理大帝的时代

徒步作战的骑士

不论在马背上或徒步作战,骑士的阶级都高人一等,既是当时的精锐部队,也是统治阶级的成员。骑士的主要功能虽然和重骑兵相同,但是也肩负其他的任务,可能会以贵族的身份受命领导弓兵或步兵部队。有些贵族会骑马带兵,有些则会和手下一起徒步作战,尤其在攻城时更只有下马作战一途。

当然马上和徒步作战技巧都是骑士训练的一部分,因为他们本身可能担任王公诸侯的侍卫、在封地内执法或执行领主的命令,都可能需要徒

持剑与圆盾战斗

预备位置

圆盾不像其他盾是系在手臂或肩上,而是像武器一样拿在手中,常用来重击敌人。左侧的剑士将剑架在圆盾上,而其对手则是持剑的一手较前,摆出攻击性较强的姿势

戳刺

右侧的剑士戳刺攻击,左侧的剑士避开攻击路线以剑和圆盾架住对手的武器,在反击之前让对手无法移动手中剑;这样的防御方法比只用圆盾来得可靠

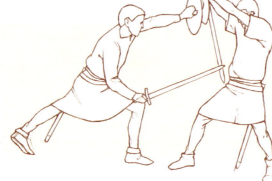

反击

左侧的剑士利用后腿蹬地的冲力将圆盾往前挥向对手,右侧的剑士不得不改攻为守。圆盾上具重量的金属凸饰的重击效果极佳,左侧的剑士同时垂下手准备由下往上戳刺

结束

左侧的剑士压下对手的剑与圆盾,伺机寻找可攻击的空隙,他从这个位置可以反手戳刺或向下劈削对手身侧或踩住前面的腿

步作战。通常骑士成群出战的时候偏好待在马背上，如果指挥官要求他们下马作战他们可能未必很乐意。不过他们是专业战士，因此服从军令就是他们的工作，所以在部分场合也会奉命下马作战。虽然会因此降低机动性，也会因为盔甲的重量让体力更快流失，但问题多半不大。然而有一些盔甲的设计比较适合骑马时穿戴，如果临时需要徒步作战就会造成不便。

骑兵需要金属护具保护小腿和足部，因为他们骑在马上时腿足的高度刚好成为敌方步兵最好的攻击目标。然而徒步作战时很少会攻击彼此的胫骨或脚，因此穿着小腿以下的护具反而变得多余，每走一步的负担都更重。

徒步作战使用剑、钉头锤或手斧都很适合，不过有些地区常见的重型钉头锤在这时候就不太方便必须减少使用。骑士也可以选择大型战斧或双手剑等双手武器，虽然不能持盾却可以提高攻击力。也有部分骑士选择练习用其他适合徒步作战的武器，但花在骑马作战训练上的时间就可能相对减少，虽然马上作战仍是主要需求，不过特别练习之后也可以多一种专长的武器。

剑兵

部分地区的专业战士以剑为主要武器，可能是像苏格兰人的阔刃大剑或是日耳曼人用的双手大剑。东方地区有些轻装步兵使用弯刀和盾，很多苏格兰高地士兵则偏好可单手持的阔刃剑搭配小型的圆盾。

这类剑兵通常具有个人的作战风格，因此最适合在树林等密闭区域中进行游斗、分配攻城或袭击任务，此外也很适合在船上作战。和装备齐全的部队相比，剑兵的武器分量较轻显得居于劣势，攻击范围较短也无法对付骑士，因此也常额外配备矛、斧等战场上适合的武器。

矛兵或长矛兵

矛兵在战斗时有几项优势：整队矛兵可以组成密实的队形，将矛尖朝前对准敌方士兵，攻击范围也比持剑或斧的士兵来得远。不过队形如果乱掉或被迫改采近身肉搏，矛兵队形的威力就减弱了。由于动员持矛步兵的成本相对较低，因此矛兵的数量通常大于其他兵种，但在全军中的地位和重要性却比较低。

持矛的士兵可分成矛兵和长矛兵：矛兵一般

土儿波矛兵

"土儿波"（Turcopole）的原意为"土耳其人之子"，是指在十字军征召之下从军并改信基督教的耶路撒冷当地人，部分是骑兵，以弓骑兵为多，其他则是轻步兵。图中的矛兵穿着基本的布甲以及形式简单的头盔，持矛之外还携带源自家乡的传统弯刀和小圆盾。多数十字军指挥官并不看重土儿波士兵，编组时也会与欧洲士兵分开，但他们在大多数战役中的表现其实不逊于欧洲同袍

是征召而来的农民兵，发给粗劣武器之后就送上战场勉强充实战斗力；长矛兵则是专业上兵或隶属民军或常备民兵的可敬的志愿兵，可能有一些作战经验甚至受过训练。后者通常穿布甲或皮甲，也会戴头盔，是否配备盾则视所用长矛的长度和用法而定。

矛兵或长矛兵的表现和指挥官对他们的期望直接相关：矛兵由于缺乏信心和斗志，通常也不会被付以重任，反观苏格兰和瑞士等地的长矛兵是主要兵力，肩负作战取胜的重责，其表现比起一般矛兵就好得多。

苏格兰的长矛兵不是地位低的附庸部队而是主要战斗力，彼此之间也有紧密的氏族和社会关系。他们通常不穿铠甲，但会不顾一切冲向敌人展开激烈搏斗，虽然常败在英格兰军队不同兵种的联合攻击之下，但是勇猛的表现胜过其他大多数地区的矛兵。

瑞士的长矛兵也有很多地方相似，他们和苏格兰人一样是武器装备相对不足的步兵部队，但面对种种限制却不放弃，拿着其他地方不屑使用的武器却足以跃升欧洲最精锐部队的行列。

如果上层愿意付出心力训练被征召而来的农民，而不只是发一支最基本的矛就打发了，他们也可能有令人刮目相看的战绩。正常情况下是派矛兵和其他兵种联合作战，矛兵负责保护投射部队而不是战场主力，然而地位低微的矛兵在多场战役中确实曾有所贡献，他们的成就高低通常是依据指挥官分派的任务而定。

因此，领军者如果认定矛兵只是一群随时可以牺牲的无名小卒，在战场上顶多充数或帮更重要的军兵挡箭，最后通常也会觉得果不其然。而领军者如果愿意在装备和训练上多少投资一些，培训出一批专业部队，而且思考该如何让他们充分发挥优势，矛兵部队的表现也会符合甚至超过统帅的期望。

1314年的班诺克本

中世纪时苏格兰与英格兰之间战火频仍。英格兰人口较多也比较富庶，因此可以动员大批重装骑兵，再辅以长弓兵等专业兵种；反观苏格兰却只能以有限的资源与兵力迎战。

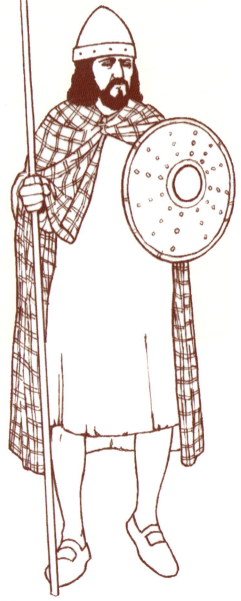

苏格兰长矛兵

苏格兰的步兵不是征召之下匆忙赶赴战场的农民，而是受到同袍和统帅敬重的志愿兵。他们的装备很简单，只有头盔、轻便的甲胄和长矛，也有很多人会带盾、剑、匕首和其他防身武器。长矛兵集体作战时最具战斗力，但是队形一旦溃散就无法抵挡英格兰骑士的攻击。长矛阵的威力惊人，但是机动性不足而且很容易成为弓兵的箭靶

1314年班诺克本战役

苏格兰人对抗英格兰人屡尝败果,但班诺克本战役却是难得的例外。英格兰人(蓝)统帅爱德华二世企图在夜间穿过沼泽地由侧翼包抄,多少可说是将胜利拱手让人的关键点,因为罗伯特一世抓住了这个大好机会发动攻击。英格兰军队极力想挽回形势,但最后仍被担任后备部队伺机而动的苏格兰骑兵阻截

苏格兰虽然能够动员一小批骑士,但军中还是长矛兵占大多数,他们用的长矛大约4米长,另外配备剑或匕首防身,有些人持盾而其他人戴皮制帽盔,还有一部分人穿铠甲。

苏格兰军队和英格兰军队已交手过数次,很清楚他们的优势。但是苏格兰长矛兵可以摆小传统的长矛阵,聚拢之后让长矛矛尖指向四面八方,这种队形不但能够抵挡重骑兵的攻击,在小范围内还能稍微活动,不过这种队形最怕在弓兵攻击之下溃散。

先前多场战役的模式都相同:苏格兰长矛兵在英格兰骑兵冲锋的威胁之下不得不摆出长矛阵,但却成了对方弓兵最好的标靶,阵形最后在箭雨之下溃散,这时候骑兵就顺势冲锋将长矛兵杀得片甲不留。在英格兰不同兵种配合得宜的联合攻击之下,长矛兵根本毫无还手之力,不过他们这次在班诺克本遇到的英格兰军队各兵种,却一点都不彼此配合。

1314年苏格兰国王罗伯特一世围攻斯特灵堡(Stering Castle),国王麾下有500名骑士和9000名长矛兵,这些长矛兵部是发誓效忠国王并支持苏格兰独立的义勇军。他们满腔热血、很有决心,但是看到前来支援的英格兰军庞大的阵容也禁不住心灰意冷。

英格兰这方动员的骑士加武装骑兵约有1000

步兵 **105**

班诺克本战役中罗伯特一世对部属发表动员。图中可见部分苏格兰步兵使用钩镰或其他长柄武器而非长矛

名,加上 17000 名步兵,其中一部分是备受敬重的威尔士弓兵,其他只是征召而来的民兵。他们的目标是在夏至之前帮斯特灵堡解围,因为根据当时的惯例,斯特灵堡的指挥官已经承诺会在那一天投降。

罗伯特一世决定在英格兰军队到达城堡之前就开战,于是让英王爱德华二世的军队前来攻击,希望能以逸待劳。罗伯特将长矛兵分成四大队,以骑士为后备部队,而长矛兵则待在可以阻挡骑兵的陷坑后方。

爱德华一开始想让一支部队冲上往城堡的路,但途中就被数百名长矛兵拦截,激战之后英格兰军队败退。先遣部队被击退再加上长途跋涉的疲惫感,英格兰军队的部署略显混乱,爱德华决定先不攻击,重新部署之后在夜间由侧翼包抄苏格兰军。

于是已经行军许久的英格兰军队又花了整晚摸黑找路,等到要跨越名为班诺克本的小溪时还得克服沼泽地形,到了黎明时分他们还没走出沼泽,这时他们还必须再往上坡移动才会遇到苏格兰军,但是队形已经大乱。

对罗伯特一世而言这简直就是美梦成真,他派长矛兵冲下坡攻击这群头昏脑涨的武装兵。这时威震四方的威尔士弓兵担心误伤自己人也没办法出手,于是苏格兰长矛兵顺利地冲杀行动力和战斗力大大耗损的英格兰军队。

现在苏格兰人也进入了沼泽区,但是他们保持队形紧密同时继续往前推进,将前方的英格兰人一步步驱退,倒下的英格兰士兵有的淹死在沼泽里,有的被后排的苏格兰士兵刺死。

英格兰军队派弓兵前往侧翼朝长矛阵攻击试图挽回大局,但却被苏格兰骑兵拦截,这支后备部队向弓兵发动冲锋攻击,幸存者也被驱散。英格兰骑士组成的小队虽然可以朝长矛阵冲锋,但失去弓兵支持之后就几乎无法破解这种专门对付他们的队形。最后英格兰军队在长矛兵的步步进逼之下溃不成军,长矛兵乘胜追击确保英格兰军

长矛阵

当时的长矛兵和矛兵已然会摆出很多类似的阵形,但这种长矛阵是苏格兰人发明的独特阵形,多半是方阵或长方阵,圆阵则较少见。长矛阵的优点是可将成排的长矛矛尖对着四面八方,几乎可以挡下所有的骑兵攻击;缺点是无法快速移动,而且只要有箭矢朝长矛阵射来就一定会有人中箭。苏格兰人在面对骑兵攻击时,除了摆出长矛阵以外没有别的办法,不过几乎每次都败在敌方弓兵和骑兵的联合攻击之下

队大败之后全都退走。

    班诺克本战役中由步兵部队取得决定性的胜利,他们虽然装备较轻,但是斗志高昂且有强力支持,而最重要的是有英明的统帅。罗伯特一世看重长矛兵的能力,也让他们有机会在对步兵有利而非居于劣势时出战,他也因此获得回报,不仅占领斯特灵堡,也彻底打败装备更加精良而且人数多出一倍的英格兰军队。

斧兵、钩镰兵与戟兵

    早期的斧兵多半属于重步兵禁卫队,也有装备较佳而武器足以劈裂甲胄和盾牌的士兵;虽然后来的趋势变成不再编组斧兵部队,但是长柄带刀武器仍然有其优势,因此像钩镰和戟等长柄武器就取代了战斧。这类武器的用途比战斧更多元,整队钩镰兵或戟兵也能组成紧密队形让敌人不敢靠近,或是一齐挥动武器形成惊人的砍劈攻势。钩镰是由农业用的钩镰演变而来,要征召一队钩镰兵也相对快速,他们甚至可

英格兰武装兵

由靴刺可知图中的武装兵属于骑兵,不过是采取徒步作战;骑马作战无法使用沉重的战斧,只是随身携带备而不用也很累赘,因此手拿战斧表示经常下马作战。宽边头盔可以挡住从天而降的箭矢,历史记载多次提到武装兵行军时会像走在暴雨中一样低着头。厚重的护腿铠甲和足部与膝盖的精良护具明显适合骑马作战胜于徒步作战,不过以武装兵全身防护的程度不管到哪里都可保安全无虞

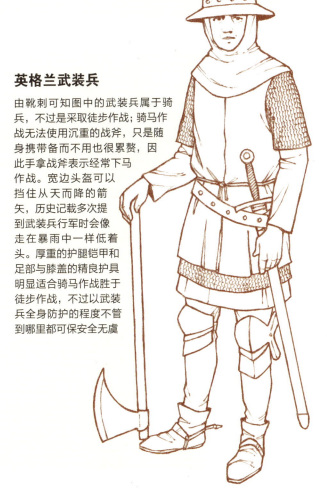

步兵 107

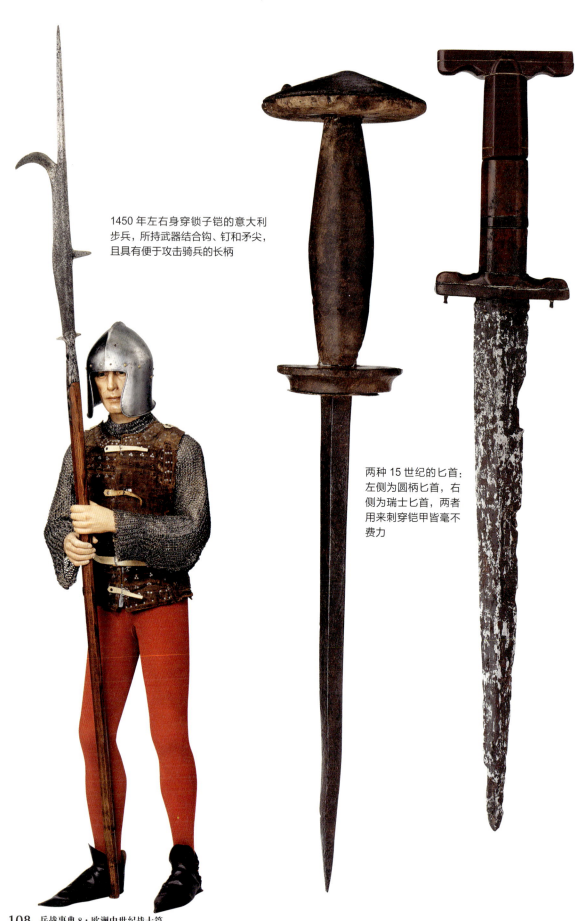

1450年左右身穿锁子铠的意大利步兵,所持武器结合钩、钉和矛尖,且具有便于攻击骑兵的长柄

两种15世纪的匕首:左侧为圆柄匕首,右侧为瑞士匕首,两者用来刺穿铠甲皆毫不费力

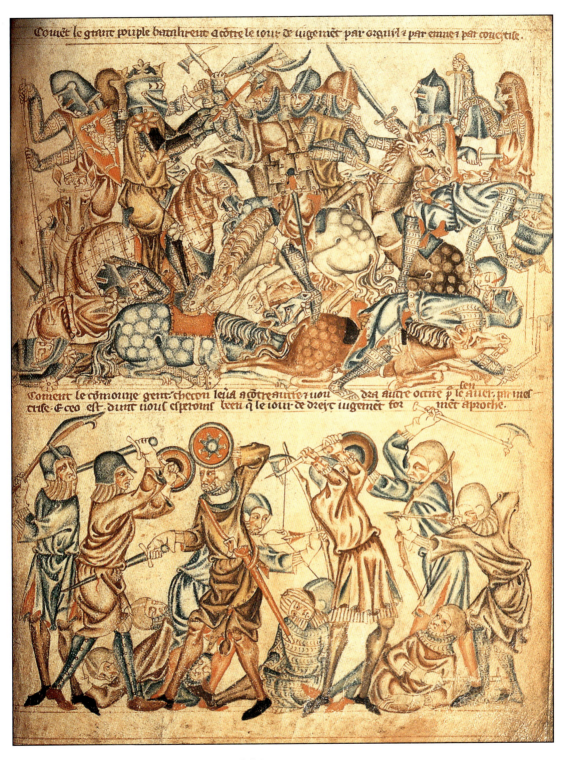

《霍尔克姆圣经图集》里描绘 14 世纪中叶班诺克本战役中步兵战斗的场景,画中精准勾勒了短兵相接的情境

以自备武器。不过军用钩镰和其他如戟之类的武器威力较强，也成为很多国家的步兵部队的惯用兵器。

钩镰兵或戟兵和矛兵相似，其表现通常也取决于统帅的付出和期望。原先是农民的士兵如果只能用农具作战，表现当然不会太好，不过如果是整队受过训练、穿上布甲或轻型铠甲的钩镰兵或戟兵，指挥得当之下也是一支精兵。

钩镰兵一直到中世纪中后期都是英国步兵的骨干，其他国家也有类似的钩镰兵部队，他们的武器功能多元，不管攻击步兵或骑兵都有一定的取胜机会。钩镰一般约1.5—2米长，在长柄武器中相对较短，因此也适用于近身交战；钩镰兵和长矛兵在一开始交战时可能因为攻击范围较小而吃亏，但在杀入长矛兵部队之后就明显具有优势。

武器：剑与匕首

步兵除了作战用武器之外，一般还会携带刀、

15世纪的英国双手剑，长刀相当纤细但分量极沉，用力一挥可以带来很强的杀伤力

持双手剑战斗

双手剑的运用比一般想象的更具弹性，剑士不管受到短距离或长距离攻击都不会居于劣势。最显而易见的用法自然是两手握剑挥劈，可以砍穿甲胄或将冲锋而来的战马马腿斩断。此外也能以"扼颈"方式握剑，也就是一手置于剑柄与剑刀中央的无刃根部，转移剑刀的重心之后就能当成短矛来使用，即使敌人在很近的距离也能砍劈攻击

匕首或各种佩剑当防身武器。长剑由于造价高昂，因此只有地位较高者才负担得起。考虑社会地位差异和武器成本，很多领主会让手下配备短剑或匕首，不过随着冶金术的进步，一般士兵也慢慢买得起佩剑。

短剑和匕首之间究竟谁先谁后或什么时候开始区分，到目前为止仍有争议，无论如何，这类可刺可砍的武器在近身搏斗时颇具威力。匕首有很多种类，特征是双刃和极小的十字形护手，比如"仁道匕首"的刃身就是专门设计得很薄，故可刺进铠甲缝隙，在混战中并不实用，但很适合用来帮落马重伤的骑士结束性命，因此得名。

与铠甲轻薄的敌人近身搏斗时，较长的匕首或短剑比骑士的长剑更为适合，不过即使是用长剑砍劈铠甲的效果也不尽理想，因此随着时代推移也出现更多可以破坏铠甲的武器。

要刺穿铠甲的其中一途就是加重力道，因此发明了可以单手或双手握持的剑，称为混用剑或一手半剑。较强壮者可以单手使用这类较大型的武器，不过徒步双手握持才能充分发挥这种剑的威力，在杠杆作用的加成下只凭重击的力道就足以让敌人的铠甲或骨头碎裂。

另一种可以破坏铠甲的武器是穿甲剑，这种用途多元的武器就像是很厚的阔刃剑，其剑刃的切面呈四边形甚至三角形，没有所谓的剑锋，也可以当成金属棍杖用来击打敌人。不过由于穿甲剑是专门用来对付厚重甲胄的，因此就算有锋利的剑刃其实也不可能劈穿甲胄。然而穿甲剑的剑尖却很锐利，这样才能用来钻穿链甲或板甲较脆弱的部分。

战斗时使用穿甲剑需要高明的技巧，因为即使剑尖锐利也很难在目标身上找到比较脆弱的部位，要保证一击不会落空最好选择掉下马的敌人，而如何让敌人落马也是一种技巧。持穿甲剑者会依需求改变抓握方式：平常就像拿一般的剑一样握持采取戳刺攻击，或是改用十字形护手钩挑或绊住对手，或将剑柄圆球当成钉头锤的锤头给予重击，用法是将剑像棍杖一样戳刺或是双手握住剑刃当成木棒挥舞。

较长的剑身对付甲胄也会比较有效，有些双手剑的剑刃几乎达到2.5—3米这种不可思议的长度，挥动时可以产生无与伦比的攻击力，一手握柄、一手握住刃部靠近剑柄处也能当成重矛使用。

大部分双手剑刃身的长度都在1—1.5米之间，使用起来比较顺手，有些是特别长的阔刃剑，比

15世纪威尼斯剑的柄端圆球极具分量，可与剑身达到平衡，也能像棍棒一样用来重击敌人

持长柄战斧战斗

高举砍击

战士准备施展力道千钧的高举砍击，他的对手会举起武器让柄部高过头部并保持水平以便格挡。攻击者接着可以大力拉回战斧，将对手拖近自己

戳刺

右侧的战士以武器尖端向前戳刺，防守者以斧柄挡下攻击，继而以斧头钩住对方的膝盖将其绊倒

如苏格兰人用的阔刃大剑。这些武器可以砍断马腿，让骑士在奔驰中以极为戏剧化的方式飞跌出去。其他如双手大剑等武器则更为先进，除了剑柄较长，剑柄和剑刃之间还有一段无刃根部，且多附有护钩保护剑士的手。

双手大剑可以双手握住剑柄挥舞，或是一手改握无刃根部，这样就像用一根锐利的金属棒来攻击，在近身混战时相当实用。而这类武器的用途之一就是让使用者可以混在一群长矛兵里，等到敌人快到面前时一跃而出将想攻入己方队伍的敌方武器全数挡下，其威力甚至足以将敌人格杀。不过剑的制作成本较高，因为质量好的金属和铸匠的高明技术缺一不可，而且剑刃越长通常造价也就越昂贵。

长柄武器

矛是制作成本最低也最基本的武器之一，但这不表示矛不具威力。矛（spear）或长矛（pike）通常是在适当长度的木柄末端加上金属尖头制成，较长的矛即可称为长矛，不过这两个名词常常混用。

矛的种类很多，有适合近身打斗的单手短矛，也有和敌人保持安全距离却仍然可以击杀对方的长矛，有些在矛头之外另装尖刺可以快速了结敌人的性命，也有些会在矛柄加上金属制的鞘套预防敌人拦腰劈砍，有时也会加装十字形护手以防被矛刺中的敌人顺着矛柄往上砍削。

矛的使用难度与长度成正比，光是要驾驭长矛本身的重量就很吃力，更别说矛头还会因为矛柄的弹性而弹甩。但用长矛戳刺甲胄却可以加强杀伤力，因为矛柄的弹性会让长矛略弯之后朝目标推进。长矛以集体使用最佳，由长矛兵部队组成纵深队形，排成多列的士兵可将矛尖对准敌人。混战中比较适合使用较短的矛，因此长矛兵部队常常迫不得已抛下长矛，改用其他更顺手的武器。

长矛与戟

长矛部队很适合防守，如果要采取攻势则需要一定程度的技巧以及大部分非专业部队最缺乏的团结意识。防范敌方骑兵或其他兵种攻击时，长矛兵只需要将矛尖对准敌人等他们自己凑上来，

各种棍杖及长矛

中世纪出现过的长柄武器和矛头式样多得令人眼花，全部都是以主要矛尖加上不同种类的刃锋、钩或锤头变化而成。下图中部分矛器的中央矛尖两边锋利可用来削劈，其他则无此设计。至于何种形式的威力最大或最适于什么场合，这样的争议从中世纪一直延续到今日仍未有定论

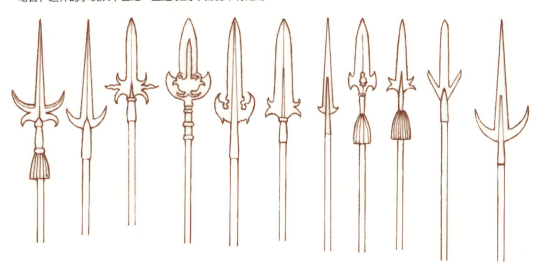

戟与钩镰

长矛主要用来戳刺,而钩镰基本上是用来砍劈,戟的功能则介于两者之间。钩镰本来是一种农具,构造通常比较简单,不过在战场上也足以致命,因此成为英国人爱用的武器。同时具有矛尖和斧刀的戟则是纯正的武器,不过随着时代演变,军用钩镰慢慢发展成名称不同但本质上属于戟的长柄武器。柄的长度和武器刀头的确切形状各地皆不同,柄越长攻击范围就越大,但也越需要经过训练方能使用。至于何种形式才是最强兵器的问题也和长矛的争议一样始终没有定论

但在主动攻击的时候就比较需要技巧了。持长矛冲刺时必须将矛放低、矛柄指向上空,或者高举长矛、矛尖略微朝下。不论采取何种方法,长矛兵都必须握住沉重的长矛柄控制在数米之外弹甩的矛尖,同时还必须绷紧肌肉快速前进,而脚下的地面多半崎岖不平。然而瑞士人和苏格兰人相当娴熟此道,能够平举长矛以无比的威力冲刺,足以让敌方损失惨重,而两支长矛部队交战如果十分激烈可能以血流成河收场。

多种长柄武器都兼具矛的优点和削砍的功能,钩镰类的武器与战斧相似,是以沉重的刀锋砍劈敌人,此外也有可用来戳刺或格挡的尖端,在刀锋的背面通常还有可用来将骑兵拖下坐骑的倒钩,也可以用来将穿盔甲的步兵撂倒,再由其他钩镰兵上前将他击毙。

戟和其他长柄武器多半比英国的钩镰更长,具有攻击范围扩大的优点,但在近身战斗时却会受限。这类武器的形式有很多变化,结合了矛尖、斧刀、锤头和比较瘦窄可刺穿甲胄的锋刃,多数

西班牙农民兵(约1400)

各地有不同的紧急征兵制度,部分地区也得以通过征兵组成骁勇善战的部队。如果配合正规军力妥善部署,征召而来的步兵可以带来不小的助力。有些统治者并不希望所辖人口中有太多人具有战斗力,但也有统治者难得遇上和平时期因此迫切需要可用战斗力。图中的长柄战斧在孔武有力且斗志高昂的人手中可以是致命武器,不过这名民兵缺乏训练且防护薄弱,可能还来不及让战斧施展威力就会因为队形很快溃散而拔腿奔逃

武器的长柄都以金属加固以免在战斗中被砍断。

虽然不需要懂太多技巧就能用戟，但要适当发挥戟的威力还需要经过相当的训练。一队训练有素的戟兵能够善用戟攻击范围较大的优势，一部分人用戳刺而另一部分人则采挥砍，由于戟可以比较灵活地运用，因此戟兵即使队形被打散或陷入近身肉搏也不至于像长矛兵一样陷入困境。

对付穿戴盔甲的敌人则以类似长柄钉头锤或双手持用的连枷等钝武器为主，两手握持的钉头锤有时不论锤头是否具有尖刺或凸缘皆可称为钉锤。这类武器的威力惊人，可以轻易将骑士击打致死，不过需要在队形疏散时才能有效使用。

双手持用的连枷加上挥甩之后力道更是非同小可、几乎难以格挡，不过只要靠近在使用者周围，都可能被打伤，因此疏散的队形也更为重要。

使用这类武器的多半是骑士之类惯于独立作战的军士，而非一般的专业士兵。

标枪与飞镖

有些步兵会使用射程短的投射武器，标枪或类似较轻标枪的飞镖在部分地区相当普遍，其优点在于散兵部队如果被敌军俘获，还能将标枪当矛来应急。手斧也很普遍，尤其法国人最常使用，可以在即将冲到敌阵时掷出造成一定程度的伤害，不仅能将敌人击落马下也能破坏敌方队形，后续以其他手持武器攻击的效果也更好。

不过大部分士兵通常只会配备投射武器和手持武器其中一种，很少两者都带。投掷标枪或手斧时队伍必须疏散开来，但矛兵等部队在混战时为了保持良好战斗力还是需要保持队形紧密。

描绘骑士在一群王公贵族前决斗的15世纪插画，围栏圈起的决斗场地在现实中应更加宽大

从农具演变而来的军用钩镰具有尖刺状的矛尖、可将人扯下马匹的弯钩以及砍切用的辅助尖刺

步兵头盔

西欧

各地武器和盔甲的发展不仅受到当地时势的影响,也会因为和邻近强权交战而逐渐演进。图中的头盔风格于 12—16 世纪盛行于西欧,其宽边可以有效挡住箭矢

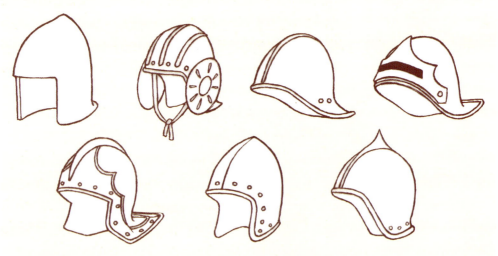

意大利

意大利流行箭矢飞行轨迹较平的弩弓,因此宽边头盔反而无法有效抵御。图中为 14—15 世纪的头盔,其风格很可能是受古希腊罗马的传统影响

装备与盔甲

徒步作战的骑士的装备和个人护具基本上和骑马作战者没什么不同，部分武装兵也会有类似的装备，尤其是和骑士并肩作战的武装兵或是上层领主的私人部队。大部分步兵的装备就比较不足，而很多士兵甚至连一件护具都领不到。征召而来的兵员当然会自行携带任何堪用的装备，有些地区对于具有一定身份地位的人应准备哪些作战装备也有特定的规范，部分城镇则设有军火库可在紧急时提供民兵所需装备。不过大多数农民兵都能幸运地领到像样的武器，不用带农具上战场，至于盔甲这种个人装备几乎不存在，一般农民又要缴纳税又要养家，盔甲对他们而言只是毫无用处的奢侈品。

比较富裕的步兵一般会配备帽盔和皮甲或布甲，帽盔基本上就是简易头盔，而大部分步兵身上的装备用简易形容再恰当不过，虽然品种和骑兵的装备差不多，但都是次级品。领主多少负担得起让一小群骑士穿上板甲或链甲上战场的成本，但要让几百名步兵也穿上类似的护具就绝对不可能了。

14 世纪的轻型头盔，侧边高处的洞孔是用来装设护面罩，锥形的造型可以承受金属武器的大力重击

15 世纪的附护面罩轻盔，弧形设计和现代的坦克装甲格挡攻击的原理相同

背心式布甲

拼布一直都是制作护身衣甲的良好材料，拼缝而成的甲衣具有可供填塞毛皮、布料或其他材料而成的厚垫夹层。如果是供单穿的布甲式无袖短上衣或背心，其上可能会加装金属环、鳞片或条带加强防护功能；但外层如果偶尔要再穿胸甲或其他铠甲，就不能加装金属配件，而且夹层内的衬垫材料可能也比较薄，这样才能确保穿上之后不会过分臃肿或行动不便

步兵 117

盾牌

步兵用的盾牌形形色色，使用短矛、剑或手斧者当然可以用非惯用手持盾，不过即使使用双手武器者有时候也会带盾，可能是绑于背上在遭到弓兵或其他投射部队攻击时拉到面前防御，或者转过身蜷缩在盾牌下祈求好运。

有些战斗技巧则是以双手武器搭配盾牌，通常是用矛，因为挥动其他长柄武器或斧时常常会被盾卡住。持双手武器并带盾时通常是用背带将盾挂在左边，不过也没办法控制盾往哪个方向格挡，只能希望遭到攻击时能有盾牌挡一下。有时也可以将小型盾系在前臂，这样不仅较易操控，也能技巧性地配合手中武器使用。

对于盔甲齐备的武装兵和徒步作战的骑兵而言，盾就不是那么重要了。在盔甲日渐精进的状况下，盾已经变得多余，不如腾出手来拿重量沉的大型武器。

1242年的佩普西湖

13世纪中叶教宗希望控制俄罗斯西北部诺夫哥罗德（Novgorod）的东正教会，这样的宗教目标刚好与斯堪的那维亚半岛上的君主在政治和经济上的企图不谋而合，于是有了北方十字军东征俄罗斯之行。

由亚历山大亲王（Prince Alexander）率领的诺夫哥罗德军队先是在1240年遇上瑞典部队并将

苏联时期画作（1942），描绘了佩普西湖战役中两军的激烈肉搏

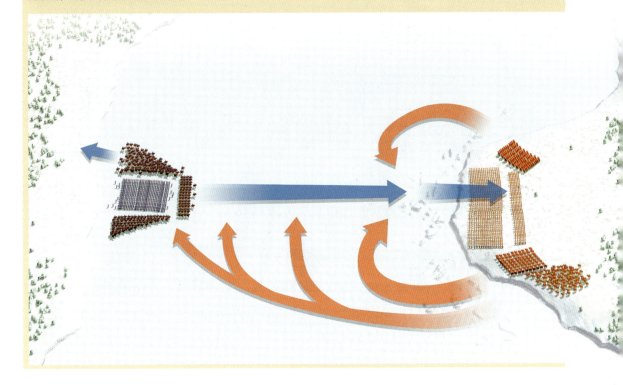

1242 年佩普西湖战役

俄罗斯部队（红）没有重骑兵可以抵抗条顿重骑兵（蓝）的冲锋攻击，因此利用陡峭破碎的湖岸地形作为防守障壁，条顿骑士的攻势受到地形阻滞，而俄罗斯步兵就得以抵挡骑兵，双方于是陷入大规模混战。俄罗斯轻骑兵由后方衔尾攻击，与步兵联合围攻条顿骑兵

之击败，但是很快又遭到以条顿骑士团为首的盟军攻击。入侵的盟军中除了骑士和隶属骑士团的武装骑兵，还有从丹麦和爱沙尼亚征召的骑士与民兵，总数约 2000 人，其中的 420 名骑士和武装兵是最重要的兵力。

盟军一开始进展顺利，激得亚历山大亲王派 6000 人的部队前去袭击。亲王的部队在小有战绩之后开始往后退，西方来的盟军紧追在后，两军快速横跨结冻的佩普西湖（Peipus）湖面，亲王的部队率先抵达岸边。亚历山大注意到西方盟军的战斗力集中在骑士和武装骑兵，于是让步兵在湖岸摆出防守的阵势，希望借助崎岖陡峭的地面抵挡骑士的冲锋攻击，而己方的轻骑兵则由侧翼掩护。

盟军本来人数就比较少，再加上由爱沙尼亚征召的兵员突然改变心意不想涉入此战之后撤退，这下子双方人数差异更形悬殊。不过数百名全副武装的骑士的威力还是非同小可，过去已经有许多以步兵为主力的军队败在这样一批人马的冲锋攻击之下，因此盟军决定整队由骑兵发动近距离攻击。

盟军组成楔形队形冲锋，装备最为厚重者在最前排，不过攻势被箭矢和亲王的步兵部队脚下凹凸不平的地形打乱。楔形队伍虽然得以攻入目标阵线却无法撼动对方分毫或是加以突破，反而陷入近身混战，而亲王的轻骑兵也由侧翼加入战圈。

此战到最后有半数骑兵阵亡或被俘，其余人马在轻骑兵的追赶之下横越湖面奔逃。不过亲王将轻骑兵召回，之后两方很快签订和平条约。

日常生活与作战训练

征召而来的兵员、民兵与民军在和平时期忙于耕田或从事其他工作谋生，因此除了要担心会有饥饿、染病和可能成为战场冤魂，他们会顾虑

1938年电影《亚历山大·涅夫斯基》中的条顿骑士与步兵,真正的条顿步兵的装备其实没有影片中这么精良

到离开工作地点就意味收入减少,对于农民而言更是损失惨重,因此一般人民从军的意愿也就更为低落。

职业士兵就比较没有这样的困扰,他们向雇主领薪,经济状况也比农民好得多。和平时期也不用工作或种田,可以专心锻炼武艺、负责站岗警戒或是为雇主当差办事。

持武器演习训练是士兵生活中很重要的一环,但方法则按地位和武器有所区别。用剑的低阶士兵不太需要训练,他们只需学会基本的砍劈再对着靶桩练习一下就行,不会有人期待他们练成高明的剑术。但对于地位较高的部队如大诸侯的亲卫武装兵,剑术就变得相当重要。

理由之一很实际:这样的部队可能是由大诸侯亲自带领,也可能和一群骑士共同作战,而近身搏斗时能否生还也要看同袍的表现好坏,所以领主挑选优秀剑士也算是一种活命的保证。同样一批人也担任领主的侍卫、负责守护他的宅邸,他当然会希望手下都是精兵悍勇,在住宅遭到攻击或要塞被敌人渗透或袭击时能够善加抵御。

剑是贵族的武器,因此剑术也具有重要的社会意义。武装骑兵如果希望获授骑士爵位需要以剑术证明自己的能力,而优秀的剑术也表示他确实够资格受封贵族。下层平民都有强烈的动机想要模仿上层阶级,因为只有行为表现符合贵族阶级的价值观,才有可能被贵族接纳成为其中一员。

至于一般士兵只要拿到适合的防身武器和习得基本技巧就足够,他在战场上活命的机会完全要看他使用制式武器的能力,因此他可能会花一些时间练习用矛、钩镰或其他战场上用的主要武器。

罗马人和现代军队常进行的军事演习在中世纪几乎完全被忽略,因为只有在战前才可能征召到适合进行这类演练的大批部队,所以统帅不会安排例行性的集体操练或排成密集队形演习,也不认为演习有什么重要。大规模的队形基本上就是将一群独立作战表现还可以的士兵聚在一起接受指挥,因此在战术上能达到的效果有限,大多

持长剑和盾的作战技巧

以盾攻击

第一图中右侧的战士用盾挡住对手的视线让他无法出剑，对手在看不见也无法转身的状态下很容易遭到攻击。第二图中左侧的战士用类似的技巧挡住对手的正面攻击，他向前挥盾将对手的手臂抵在其身上挡住其视线，手中剑趁机劈向对方的腿

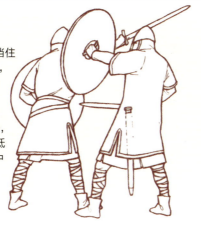

以盾防守

右侧的战士举起手臂以正手劈切，对手以盾格挡。攻击者的手臂如果撞在盾的凸饰上可能会受伤或被震得将剑脱手，此时他可以用盾抵挡对手的攻击。剑刃如果击中盾上的凸饰可能会弯折甚至断裂，这样攻击的一方也跟着失去武器

剑盾并用

左侧的战士将盾往外移，他的对手上前一步用盾挡住他使剑的手臂，对手自己则将剑往后抽准备朝前戳刺。在第二图中攻击者将盾拿得较近，他企图绕过对方的盾戳刺其头部，不过对方只要将盾往前往上推出就能轻易格挡

长剑作战练习

高举砍劈
右侧的战士准备给予高举砍劈，这样的大力一击会直接劈穿对手只是横在中间采取守势的剑刃，因此对手改以全力往上砍切迎击的方式防守。第一人在双方佩剑交击之后就能收剑准备下一波攻击

高举戳刺
左侧的剑士高举戳刺时将左手移到剑柄圆球上加重前推的力道，他的对手以向下砍劈的方式反击，顺利将戳刺而来的剑朝下格开，这时可能会有短暂的攻击优势

檐式格挡
左侧的剑士向下砍劈，对手以一些现代武术称为"檐式格挡"的方法回敬，举起的手臂可以加强格挡的力道。一旦左侧的剑士攻势受阻，原本采守势的对手就会靠近并伸出手臂如蛇一般缠握剑士的手臂让他无法使剑

数士兵之间也缺乏抗衡骑兵冲锋所需的互信和士气,可能只有较高阶的军兵如负责冲锋的骑兵才有可能达到这种程度。不管是农民或专业士兵,所谓的训练其实是采取竞赛和运动的形式。借助举行角力和掷标枪比赛之类的武艺竞赛可以激发斗志,也能让士兵保持体力,不过对于实战技巧的帮助相对就少了。下层阶级最流行的运动是角力和打斗,集市的日子里通常会举行地方性的比赛,而大型比赛则可能吸引远道而来的知名角力好手。这类赛事虽然不像骑士的比武大会场面盛大隆重,但确实能够培养民众的尚武精神。

欧洲农村里有些传统角力赛其实相当残暴,大部分地区都容许选手恣意踢打对手,而且很多人都没有制住对方就表示获胜的概念,他们认为一定要强迫对方认输或是将对方打到重伤倒地才算赢。

这些欧洲的农村角力选手将这种打斗技巧带到战场上,因此出现了一些"贱招",比如常有人在鞋尖装马蹄铁之后踢别人的胫骨,敌人一不小心就可能中招,此外也有绕过盾牌的格挡或是利用对方的头盔将穿盔甲的人脖子扭断等技巧。

虽然角力技巧对于持矛或钩镰者可能并不重要,但这类运动确实让人变得更有斗志,也有助于在民间发扬战士传统并培养一批骁勇善战的壮士。由于缺乏正规训练,以乡里间的角力赛事替代也算是合情合理。

战争结束之后征召而来的兵员就会解散回乡,有些人可能从战场上捡回一把剑或其他武器,也有些人可能成功劫掠敌方的辎重车队得以中饱私囊,不过对于大多数人而言,他们所冀望的最好结局不过是平安返家赶上收获时节。

至于专业士兵就可能获得武器、盔甲、金钱或加官晋爵等奖赏,普通士兵可能会获得拔擢成为领主亲卫队的一员,在极为难得的状况下甚至可能获授骑士爵位。

受伤与救护

相对于奖赏,军旅生活也是有风险的。士兵要面对的危险不只是敌人的攻击,疾病夺走的人命超过敌人的矛和剑,大队人马在外驻扎时染病的可能性又特别高。不止一个法国人记述被英格兰人的箭

戟兵

戟是最能灵活运用的武器之一,兼具砍削与戳刺的功能。戟兵既能像长矛一样排成紧密队形抵御骑兵,也能疏散开来进行单兵作战,即使面对装备比较精良的敌人也有机会用戟刃侧边的锐利尖刺贯穿其铠甲将之击败,不过戟由于握柄较长因此在极近身打斗时就很难使用。任何人捡起一支戟都可以用来作战,但是只有受过紧密队形和独立作战两种训练的戟兵才能有效发挥戟的威力,而且不至于意外误伤同伴

矢射中之后最后必死无疑，有时候还会在死前先发疯，这是因为当时的医疗技术还没办法完善移除刺入体内的箭头，留在伤口的锈铁碎屑无可避免会为伤者带来凄惨的下场。其他历史记载对于不同的创伤也有类似的描述，当时的医疗充其量只算是基本程度，而伤口感染是司空见惯的事。

应招从军之后不幸伤残者不会获得任何补偿，贵族和富裕的平民可能会由家属照料，而再也无法工作的农民前景就十分黯淡。因此中世纪步兵的生活其实风险极高，对于下层阶级的民兵而言尤其危险。

1471年的布伦克贝格

瑞典早先是丹麦属地，趁着政局动荡的时候宣布独立，15世纪晚期的丹麦国王克里斯蒂安一世（Christian I）于是决定重新占领瑞典。瑞典人当然不愿接受，他们选出斯冈勒古斯塔夫松（Sten Gustavsson）作为政治和军事上的统帅领导他们对抗丹麦。

大约6000人的丹麦部队由海路抵达布伦克贝格（Brunkeberg），军中除了骑士和专业步兵，还有一队征召而来的民兵和大约3000名经验丰富且忠实可靠的日耳曼佣兵。

为了抵御这次的侵略，瑞典人动员了数百名全副武装的骑士和步兵，另外加上大约9000名各自携带不同武器的农民兵。这支民兵虽然没有受过训练而且毫无纪律，但是他们满腔热血而且斗志高昂，是为了保家卫国自愿出战，不是一般毫无战意纯粹应领主征召前来的乌合之众。

丹麦人想要正面对决并借助装备和纪律上的优势取胜，因此决定引诱瑞典人出战。他们围攻斯德哥尔摩，迫使古斯塔夫松率军驰援。

由于斯德哥尔摩城里有火炮，丹麦人一旦夺下城池，本来就筑有防御工事的营地可能会更加牢不可破，丹麦人想要利用这一点逼迫急着解围的瑞典人向他们发动攻击。如果丹麦人没有改变计划，局势可能会对他们有利得多，不过丹麦国王却改变心意将兵力分散，一部分兵力继续围城，

1471年布伦克贝格战役

此役中丹麦人（蓝）由于将兵力分散在可以各个击破的位置，反而让瑞典人（红）能在大混战中充分发挥数量上的压倒性优势，最后丹麦人惨败撤离

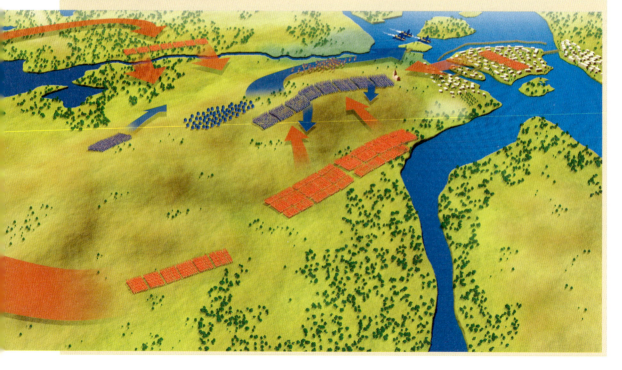

其他部队在回返岸边舰队的路上沿途驻守。

古斯塔夫松在双方同意休战期间招募了更多士兵,重新开战之后便发动攻击,攻势虽然很快被日耳曼佣兵和炮火挡下,某种程度上却不太符合丹麦人的期望。丹麦人看到对手这么容易就退缩便开始自大轻敌,等到瑞典人第二次发动攻击,丹麦国王命令部队冲出营地将敌军扫荡一空。两军交战之后演变成崎岖地形和树林中的大混战,丹麦军虽然人数少但装备比瑞典军精良。此时斯德哥尔摩城内的部队也乘着船或小艇移动到丹麦军后方准备伺机偷袭。

丹麦军等于是将自己陷在腹背受敌的险境,即使有坚固的盔甲护身也难以反击,丹麦国王和亲卫队在绝望中仍顽强抵抗,虽然一度争取到获胜的微渺希望,但在国王受伤而临时替代上场的指挥官又阵亡之后,丹麦部队开始溃散。

丹麦人在混乱中败退,很多士兵想要走木桥逃走却因为桥塌掉而溺毙,丹麦舰队派出小艇救出部分落水的士兵之后撤退回国。装备精良、训练有素的丹麦部队就这样败在一群仓促成军、武器较差但战意坚决的农民义勇军手下,而瑞典军会有这样的战绩也是因为领军者运筹帷幄,能够让麾下部队充分发挥战斗力,加上瑞典人坚决不再让丹麦人统治的意志才能达成。

另一幅将布伦克贝格战役美化的画,其中描绘古斯塔夫松率领骑兵和长矛兵对抗丹麦人

这幅中世纪晚期的画美化了1471年布伦克贝格战役中瑞典军大败丹麦军的场景

步兵 125

英法百年战争中 30 名英格兰军士兵与 30 名法军交战的场景,两方士兵皆全副武装且以矛为主要兵器

战术与技巧

既然中世纪的部队很少有机会接受训练,行军时用的战术也就相当简单。大部分的指挥官不会想办法让步兵充分发挥威力,只会指挥他们走在部队最前方和敌军展开肉搏战,或在骑兵重整队形准备再次冲锋时簇拥在他们身边权充护卫。因此步兵的作战方式多半是靠近之后才冲刺,而非冲入敌阵展开混战。他们的队形通常也不太规则,不像有组织的队伍,只像一大群站得很近的武装士兵;面对敌军时的移动方式也很不规则,很少出现队伍之间互相支持而且行动步调一致的画面。不过还是有些例外,比如瑞士人的阵形就是以长矛部队为基础,搭配投射部队和戟兵,侧翼则由散兵部队保护;其长矛部队能够快速冲到可攻击的范围之内杀向敌军,而且每次冲杀时只派出一个梯队而不是一拥而上。

防守战术

步兵确实曾在一些场合中成功攻击骑兵,但是机会极少而且是在骑兵已经陷入混战或是受制于地形的状况下才达成。面对当时的重骑兵部队,步兵的防守能力通常会比攻击能力更为重要。

步兵面对同样是步兵的部队有可能采取攻势，但是徒步绝不可能追上骑兵，因此除了采取守势试图挡住骑兵之外几乎没有什么别的应对之策，试图朝骑兵进攻的步兵也可能会在半途遭到骑兵冲杀，只要队形露出空隙或行动步调不一致都会造成惨痛的结果。

面对骑兵时最常用的战术是紧靠在一起对着敌人摆出成排的武器尖端。如果有溪流、树篱或树林外围等天然障壁让步兵藏身其后，步兵就极具优势；但在开阔的地形上，步兵就居于劣势，只能依赖武器和阵形自救。

就防守阵形而言，苏格兰人的长矛阵的防守功能就极佳，它基本上是由士兵将长矛指向四周形成的椭圆形中空"刺猬阵"，若和同时代的其他长矛阵相比，这种阵形组成后比较能快速移动或转守为攻。

然而长矛阵很难抵挡弓兵的攻击，因此经常在英国骑兵和弓兵的联合攻击之下溃散。步兵在敌方骑兵的威胁之下不得不摆出防守的阵形，但是敌方弓兵却会以漫天箭雨逼得步兵阵形瓦解，这样敌方骑兵就顺势冲杀，要避免这个下场唯一的方法就是由己方其他部队支持或速战速决。

戟兵和其他使用长柄武器的部队可以像长矛兵一样利用武器长度的优势挡住骑兵，也能摆出类似的阵形，接战骑兵时最常见的做法就是将武器柄端立于地上而尖端朝外。骑兵冲过来的力道就足以让他直接扑到武器尖端一击穿身，如果敌人到达攻击范围之内却迟疑不前也会成为很好的标靶，步兵只要上前几步就能用武器戳刺。

攻击战术

攻击时需要从武器尖端之后施加重量和冲力，可以单纯伸臂将武器向前送，不过士兵通常会朝目标前进甚至冲刺以加重攻击力道，这样虽然比较不易瞄准但确实可以增强杀伤力。

两支长矛兵或矛兵部队交战的景况可能变得极为血腥，一开始先是互相厮杀，接下来两方就"互送长矛"试图击退对方队伍，队形先溃散的一方很可能会因为互相踩踏或被对方以长矛击杀而死伤惨重。至于使用钩镰、剑或其他以挥甩为主的武器的部队就必须靠近敌人才能攻击，也就是说敌人的武器如果较长就必须先躲过其武器的尖端。然而一旦靠近，钩镰兵和戟兵就能发挥长矛兵没有的优势，不过问题在于如何靠近。其中一个方法是挑选勇士组成敢死队冲向敌军将他们的长矛格开，瑞士人就特别精通这种战术，瑞士佣兵的指挥官甚至接受违反军纪者以自愿当敢死队的方式将功赎罪，如果敢死队员生还归来就不再追究其过错。

指挥官如果重视步兵且愿意交给他们比跟在

瑞士长矛兵

瑞士部队除了长矛之外也使用戟和双手剑等其他武器，但只有长矛这种一度式微的武器在瑞士人手上发扬光大，也让瑞士部队威名远播，成为在欧洲各地大受欢迎的佣兵部队。长矛本身很笨重，不过瑞士长矛兵没有穿厚重的盔甲因此行军摆阵相当灵活迅速，加上训练有素且纪律严明，可以快速行动同时保持队形齐整，能够对敌方发动各梯队轮番上阵的快速攻击

骑兵后方更重要的任务，也可以施行不同兵种联合作战的战术。圣地的十字军就常使用这类战术，由矛兵拦住敌军，再让弓兵或弩兵朝敌军射击；这样两个兵种就能取长补短，弩兵的攻击范围远但是发射速度慢，而矛兵善于防守但是时常无法接近装备较轻或骑在马上的敌军。

中世纪表现最出色的几支军队都能善用步兵并采取联合作战的战术，其统帅能够将步兵部署在可以发挥威力的位置而不只是派他们打头阵当炮灰，步兵部队只要占据有利的防守位置或得到适当支援同样可以与骑兵抗衡，只要有办法靠近弓兵，他们也能担负追赶敌军弓兵的职责。

其他义务

战场以外的争斗在大小战役中当然也屡见不鲜。部队彼此相隔遥远时会有逃兵的问题，但也有很多因素造成必须分散兵力，比如步兵部队可以在乡间搜括食物和劫掠财物，而很多战事中通常也包含了抢粮和抢钱这两个目标。

"劫掠"是战事的基础，各方势力无不想毁坏敌方的农田和村庄，让对方的经济在短期和长期都遭受打击。如果敌人穷到无法发动战争或是供养军队的资源缩减，所产生的威胁自然小于能够储备雄厚兵力的敌人。

不管有没有投射部队襄助，步兵都能够击败小队的敌军或前来进行劫掠等行动的部队，也能让侵入己方领土活动的敌军忌惮三分。在信史时代开始之前，就有装备不足的非正规军专挑弱点攻击，让有组织的正规军队疲于奔命之后又消失无踪的传说。地方上可能面临的威胁包括敌方士兵、他国逃兵和投机盗匪，虽然最适合由机动性

这幅19世纪插画以相当时髦的风格描绘十字军部队的矛兵与萨拉森（Saracen）骑兵交战的情景

联合攻击

各个兵种都具有其优势和劣势，因此联合攻击的战术就是要取长补短。图中联合部队的前两排矛兵以矛尖朝着敌人筑成厚实的挡墙，同时能用盾抵御敌方投射部队的攻击；在他们后面的两排弩兵轮流搭箭射击。实际作战时队形不会维持得这么整齐，特别是在敌人很接近的时候更难达到，不过基本的概念相同：由矛兵保护弩兵让其朝来犯的敌人攻击

最强的骑兵出马围捕，但是轻步兵同样可以在合理范围内有效驱退部分劫匪。此外步兵也能派驻到河流交汇处、具有战略地位的村庄和补给路线沿线的重要位置站岗。

军营也需要有人守卫，一方面预防敌军前来袭击，另一方面防范一般士兵或跟随军队移防者洗劫战士的财物。当时的物资运送方式还很原始，粮草辎重全都需要士兵保护，而这也是步兵的功能之一。步兵虽然不如骑兵机动性强，也不像弓兵可以从远处攻击，但近身作战却是他们的强项。在围城和突袭时也是由步兵负责进攻和抵挡，当然没有成功就壮烈牺牲的也是他们，这类战斗基本上要求单兵作战，不太需要大规模的集体行动，而步兵只是听命来到分配给他的位置对抗任何想要碍事的人。

步兵虽然在正面对决时表现平庸，但在需要个人战斗力胜于团队意识或联合操练的近距离作战中却表现得相当出色，不过只要知道中世纪的战事里其实夺取城镇、城堡和其他要塞的时机多于在战场上分胜负，这一点也就不那么令人意外了。

中世纪步兵的作战技巧不怎么先进的原因之一是当时部队人数不多，多半可以分成数个小队分别行动；更要紧的是，作战技巧对他们而言没有那么重要。进行大规模行动的战场上仍以骑兵和弓兵为主力，步兵在这里只是配角，也没有特别培养精锐步兵部队的需求。再加上大部分兵员都只是短期从军，因此也不值得花费成本和心力提供密集有效的训练。

步兵在战场上的角色基本上就是人到之后尽力而为，主要贡献仍在决定王国命运的攻城战。决定历史发展方向的重大战役多半是在争夺城市或城堡主控权，而不是战场上的胜负成败，唯有少数几次例外。大部分的战役也和围城战有关，可能是出兵解开或是阻挡来解围的援兵。

因此步兵最关键的技能其实是擅长单兵作战而非团体作战，因为在围城时独力突破防线或防御阵线缺口的能力远比战场上的表现更为重要。

描绘1450年福尔米尼（Formigny）战役的15世纪法国插画，此役中法国人战胜了英格兰人

1099年耶路撒冷围城战

由于援军即将赶到，十字军（红）被迫在仓促之间攻击耶路撒冷，一开始的攻击失利之后重新整队发动攻势，战局的转折点在于一支部队成功登上城墙并控制其中一座城门，让更多十字军顺利入城

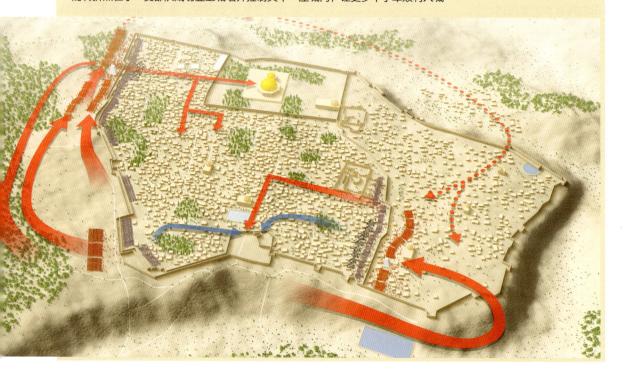

1099年的耶路撒冷

十字军第一次东征的起因是欧洲人企图夺回圣地耶路撒冷，经过多次协商和战斗之后十字军终于在1099年接近圣城，此时离军队开拔时间已有三年之久，不仅人马劳累不堪，也面临物资短缺。

耶路撒冷守军人数不多但筑有防御工事，而十字军却没有攻城设备。此外敌方有一批为数甚多的援军正朝耶路撒冷赶来，十字军如果想活命就必须攻入城内借助防御工事抵挡。

十字军于是面临诸多难题需要克服，他们不仅缺乏制造攻城设备用的木材，几名指挥官也起了争执，最后仅带了一部云梯就发动第一次攻击，城内守军自然不费吹灰之力就将他们击退了。

千辛万苦取得木材赶制攻城设备之后，卷土重来的十字军这次不仅准备了数座攻城塔和一把攻城锤，还有可以压制守军的火炮。

由于十字军各部的统帅意见不一致，因此当时其实算是有两批人马分头进攻，一批从北、一批从南，从南进攻的部队出师不利，攻城塔还着了火，北边的进展就好得多。

十字军在北侧以攻城锤击穿耶路撒冷较薄的外墙，再用攻城塔围攻较厚的内墙，其他点则派步兵由云梯爬上城墙，还有一部分兵力试图攻进城内。一支部队最终成功攻下约沙法门并打开城门让其他部队大举攻入。

从南进攻的部队听到消息之后摆出云梯再接再厉。这种爬梯攻城的战斗一向极为费力，往上爬到城墙顶端的士兵必须持续击退守军，让下面的士兵有充裕的时间爬上城墙。近身肉搏战的成败与战术或队形无关，而是取决于士兵个人的打斗技巧以及盔甲和武器的精良程度。十字军在城墙上和城门周围鏖战许久，守军的防线终于瓦解，十字军追着剩下的守军进入城内之后将之全数围捕。

城内守军人数其实很少，全城很快就投降了。不过守军也许无论如何应该坚持一下等到援军前来，因为十字军在援军迫近时将俘虏屠杀殆尽。

这幅插画由梅雷迪斯·威廉斯（M. Meredith Williams）于1910年完成，描绘十字军步兵利用攻城塔和云梯攻上耶路撒冷的城墙

投射部队

投射武器要达到的效果是"射击"而非"震撼",意即虽然不能给予敌人迎头痛击将他们逐出战场,却能逐渐消耗对方的战斗力。不同兵种的联合攻击战术在战场上的效果奇佳,比如英格兰结合弓兵的射击火力和重装骑兵的震撼威力便屡建战功;然而投射部队有时也能凭单一兵种作为主力取得决定性的胜利。

百年战争(1337—1453)中的英格兰军队使用长弓而法军偏好弩弓,实际上弓兵的盔甲并不如画面上描绘得这么精良

图中的英格兰弓兵在普瓦捷战役（1356）中击败法军；这类插画的画面中央一向是由骑士占据，由此可知长弓兵的地位之高

投射部队是中世纪军队的重要战斗力，用轻弓或标枪的非正规散兵可以滋扰对手使之疲于奔命，而配备重弓或弩弓的正规部队则能重创敌军。

弓兵和其他投射部队能够从远距离攻击，在攻城或水战等只能由远处进攻的场合中威力最强，不过调度得宜之下在战场上也是一支精兵，其地位通常高于其他步兵。

中世纪投射部队中数一数二知名者当数英格兰长弓兵，而弓兵某种程度上算是投射部队的原型。也有地方基于各种考虑偏好弩兵，不仅因为弩弓比较好上手，也因为弩弓较平坦的射击轨迹在有些情况下较具优势，此外重弩对于盔甲的杀伤力也胜过其他弓箭。

标枪类的投掷武器在中世纪的重要性不高，不过有些军队也会利用配备投掷武器的散兵部队建立奇功，然而投掷武器的射程不如弓箭，相较于弓兵也比较难维持武器供应无虞。

火器在中世纪的战场上起初只是新奇的玩具，等到一段时间之后才发展成实用的武器，虽然射击速度慢而且不稳定，但逐渐成为和弩弓有部分特征相似的武器。

投射部队通常由其中一员担任队长，也就是让平民来指挥，不过队长在战场上通常需要听命于某位贵族成员。由于弓兵和弩兵是军队中的重要资产，因此队长一职也相当重要。

骑士负责指挥的如果是一群拿着劣等武器的农民兵，肯定会很羡慕附近分配到弓兵部队的同袍，无论如何队伍的表现在某种程度上也会反馈在指挥官身上。弓兵或弩兵比较可能建立战功并为指挥官赢得荣耀，但是农民兵就很可能半途逃亡或是惨遭屠杀，指挥官也就颜面尽失了。

1340年的斯勒伊斯

英法百年战争的战场范围极广，出战的通常是两方最知名的部队：法国骑士和英格兰长弓兵，不过也有几场战事例外。

英王爱德华三世（Edward Ⅲ）在位期间决定派兵登陆现今比利时境内的布鲁日，斯勒伊斯（Slays）海战因此爆发。英法两方的战船数量都不足，所以采用改造后的商船，在民间出海进行贸易用的小船上加装船艏、船尾堡楼、作战平台和桅杆上的小型射击台。

英格兰军队的船舰体型较小但是部队战斗力较强，大约有3000到4000名弓兵和1500名武装兵，加上配备武器的水手和基层部队。法军的舰队则有大约150名武装兵、从旁辅助的20000名武装水手和500名左右的弩兵。

英格兰军队进入兹恩河（Zwyn）口后发现法国舰队就在前方备战，接下来发生的不是经典海战，反而比较像陆上战事。法军一开始为了避免英格兰军队冲破防线就将船队用锁链连在一起，但这样一来高明的海战技巧反而毫无用武之地。虽然很多船舰后来自行解开之后展开行动，但已失去先机。

英格兰舰队排成三排，最前排的船上的长弓兵在接近法军时就开始猛烈攻击，法军伤亡惨重之下也奋力利用弩弓为主的投射武器还击，不过长弓兵在这种战局中无疑具有极佳的优势。等到

斯勒伊斯海战很快演变成规模庞大的水上混战，对敌的船舰挤在一起而船上的士兵陷入激战

船舰靠近,两方就朝对方的船抛出爪钩牵制其行动,船上的士兵接着展开近身肉搏。

此时英格兰军队无论是船只或兵员的数量都具有优势,装备精良的专业士兵在己方弓兵由高处掩护之下很容易就将敌船士兵杀得片甲不留。虽然法国武装兵以命相搏,但由于人数不足,还是无法扭转颓势。英格兰军队一开始攻击法国舰队时兵力损失相对较少,之后陆续攻下其他法国战船时也就显得游刃有余。

这场海战演变成水上大混战,双方船只都挤在河口。为了彻底击溃法军,与英格兰军队结盟的佛兰德斯人的船队也由斯勒伊斯和兹恩河上其他港口驶出,前后被包夹的法军最后在此役中惨败而且损失惨重。

法国在此役中落败的原因之一就是弩兵的威力不及英格兰长弓兵,虽然战役最后是在武装兵的战斗中落幕,但法军在短兵相接之前其实就已经被长弓兵射得元气大伤,战斗力比平常低落许多。

历史观点

不管是靠近猎物或者敌人,只要对方有可能反击都有危险,因此人们发明了各种可以从远处攻击的方法,而互相争斗的原始猎人团可说是最早的战斗部队。

早期的战团多是几个持棒和矛的成员加上弓箭手和标枪手的组合,随着工艺技术不断演进,人类持续发展出威力更强大的武器和更为精良的

1340年斯勒伊斯战役

斯勒伊斯战役中法军(蓝)为了防止英格兰军队(红)冲破阵线就将船舰相互链住,反而无从施展擅长的海战技巧,让英格兰船队上的大批武装兵和弓兵得以在接下来的船内战斗中发挥绝佳优势,而盘踞在桅索上的英格兰弓兵的战绩尤其辉煌

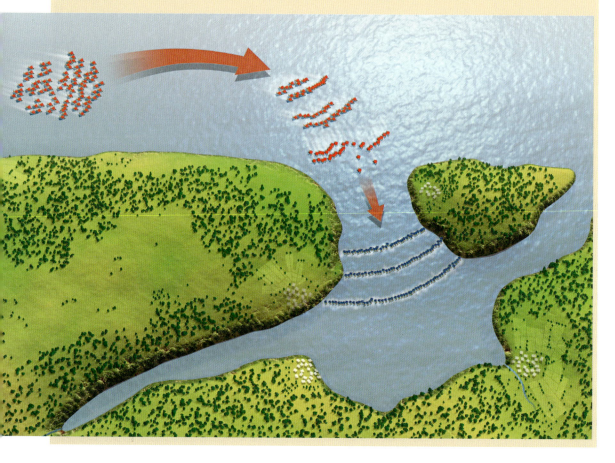

护具，然而战团的混合作战编制却能流传数世纪之久。

混合编队的效果没有特别好，因此逐渐变成将弓箭手与使用手持武器者分开编队，让不同兵种各自发挥所长，投射部队可以集中火力射击，而步兵部队也能统一步调进行震撼攻击。无论投射部队用的是弓、弩或其他武器，中世纪的军队一般就是照这样的模型编组。

火器一开始出现时并未带来新的优势，原始的手枪射程短而且比弩更不稳定，很容易误伤周围的同伴，真正的好处是能以响声和烟雾让敌人心生畏怯，还有填装弹药比起用弩张弓装箭来得轻松。

火器需要搭配火药才能使用，因此对于无法取得火药者毫无用处。随着火器逐渐普遍而弓和弩渐趋式微，统治阶级的优势再次展露无遗，因为以前任何叛贼或盗匪都可能用箭射穿他们的铠甲，但是现在这些人却很难随意取得火器和弹药。

火炮发明之后立即在攻城战中发挥功效，不过步兵所用的火器除了操作简单，一开始并未占有任何实质的优势。事实上根据史家观察，一直到1815年，长弓仍旧是最为实用的投射武器，在滑铁卢战役中英格兰长弓兵的射程和攻击速度也还是胜过同时在战场上的火枪兵。火器能够取代弓箭并不是因为武器本身比较优良，而是因为培训火枪兵比起弓兵来得更加容易。

1333年的哈利登山

英格兰弓兵最早可能是在诺桑比亚（Northumbria）的哈利登山（Halidon Hill）战役中展现其威力，于此役中所用的战术在往后诸多战事中也无往不利。英格兰和苏格兰之间自古以来纷争不断，1333年由于英王爱德华三世介入苏格兰王权纠纷而再掀战火，英格兰军开拔到贝里克（Berick）之后将城镇团团围住。根据当时的惯例，驻军指挥官表示除非获得强力支援或是英军战败，否则他

全副武装准备出征的英王爱德华三世（1312—1377）；他善用弓兵，而弓兵部队也不负所望，在数场重要战役中取胜

愿意献城投降，不过两种状况其实结果都一样。

双方协议以7月19日为投降日，这表示苏格兰人必须加快脚步，而由1150名骑士和武装骑兵及13500名步兵组成的苏格兰军也的确这么做了，他们赶在18日抵达贝里克城前。步兵中几乎全是长矛兵，他们身上虽然没有什么护甲但是坚强勇猛，因此整体素质远高于当时的一般步兵。

英格兰人在这场战事中只要保持不败就能达成目标接收贝里克，因此爱德华将部队聚集在哈利登山上等待苏格兰人发动攻击。英格兰军只有大约9000人，虽然人数较少，但是占据地利，还有大批长弓兵待命。

由于往哈利登山上的路有坡度而且是沼泽地形，无法进行冲锋攻击，因此苏格兰骑兵全数下马，和步兵组成四排纵队朝山上行进。队伍蹒跚穿越沼泽上山途中逐渐散乱，同时山上的长弓兵弯弓搭箭朝着在山坡上行进的长矛兵射击。长弓兵不仅百发百中，而其箭矢的强劲力道连穿着铠甲的

在 1333 年哈利登山战役中，英王爱德华三世出兵支持爱德华·巴利奥尔对抗戴维二世争夺苏格兰王位

弓兵

要培养优秀的弓兵绝不是发一把弓就能达成，中世纪欧洲的弓兵如果不是特别训练出来的，就是当地人民本来就有用弓的习惯，他们上战场时用的就是自己平日惯用的弓箭，通常会再携带匕首或剑等防身武器。

有些弓兵会穿铠甲或戴头盔，但是很多人认为不值得为了有限的防护效果增加负重且妨碍行动，因此偏好皮制或拼布的无袖短上衣，顶多再加上轻型金属帽盔。战斗时携带的箭矢以身侧的箭筒盛装，不过如果可以在固定地点射击就可能会将部分或全部的箭插在身前的地面。

箭矢消耗得很快，但受限于箭的体积和重量不可能大量携带。有两种方法可保箭量充裕：一是加入组织严明的部队，由指挥官安排类似物资补给的人手供给源源不绝的箭矢，确保弓兵随时都有箭可用；二是从地上捡回射出的箭再次利用，而这通常表示捡回敌军射出但落空的箭再射回对方阵营，所以一支箭在弓兵持久战中可能屡次变

骑士都能直接射杀，更何况是毫无防护的长矛兵。

然而苏格兰部队还是排除万难到达山顶，他们平举长矛以参差不齐的队形朝英格兰军冲锋，甚至将后者往后逼退了一小段。然而苏格兰人这时已经精疲力尽，英格兰军队却能再换上一批精力充沛、进退有序的士兵予以反击。苏格兰人在英格兰军反攻之下节节败退，一路退下山坡跨过沼泽，遭到追击之下死伤惨重。

根据现代历史学家的分析，苏格兰在此役中损失超过 4000 人，其中包括多名骑士，而英格兰方面折损一名骑士、一名持盾扈从和 12 名步兵。

阵亡人数如此悬殊的原因显而易见，因为苏格兰人作战时即使损兵折将也持续奋勇向前，他们在英格兰人的致命箭雨之下坚持克服艰险地形，但是撑到能和英格兰军队进行肉搏战的时候早已疲惫不堪、队形紊乱，而对手却能以逸待劳。然而当时苏格兰人似乎也别无选择，注定面临未战先败的命运。

穿着各式盔甲的弓兵：虽然有时能够征召到备有盔甲的弓兵，但是大部分弓兵都无法负担这类装备，而平时皆进行远距离攻击所以也无此需求

图中弓兵或搭箭或射击,正要射出箭矢者的站姿显得古怪,可能是采取身体略向前倾而非保持直立的姿势

换阵营。不过这样会有个问题,如果敌方的弓兵人数不多,那么可供未中箭者回收再利用的箭也就变少,也算得上祸福参半了。在1066年的黑斯廷斯战役中撒克逊人的弓兵人数较少,因此没办法送给对方太多支箭,所以朝他们攻击的诺曼弓兵很快就无箭可用了。

如果敌军在靠近弓兵的地方被拦住去路,或者己方部队能够前进并将敌军逼得节节败退,那么弓兵就能捡回自己射出的箭。1346年的克雷西战役就是如此,当时英格兰弓兵抓住法军冲锋一次之后重新整队准备再次冲锋的空当,冲出阵线捡回先前射出阻遏对方攻势的箭矢。

弓兵部队的箭矢如果没有适时补充,威力就会大打折扣,可能会被迫选择要在战场上梭巡极力寻找可用的箭、退出战场或是抽出防身武器像步兵一样作战,而以上做法没有一种能让弓兵充分发挥威力。不过即使是在中世纪这样欠缺制度的年代,弓兵部队所需的箭矢通常不虞匮乏,弓兵在当时的地位之高由此可见一斑。

弩兵

投射部队的士兵除了主要作战用武器之外皆会携带随身武器防身,弩兵也不例外,而且弩兵仍然可以穿着较重的铠甲,射箭时不像使用一般的弓会有所阻滞,因此在近距离作战时就有额外的优势。然而让弩兵参与肉搏战就无法发挥其主要功能,所以一般还是尽量避免。

弩弓比传统的弓容易使用,学会如何放置箭矢和张弓就能很快上手。很多弩兵穿着的盔甲颇具分量,有时还会携带防护用的巨盾,需要装箭时就可以退到巨盾后方,只需要在发射时冒险站出来,行进时也能将这种有底座的大型盾牌往前推动。

早期有些地区会让每名弓兵配备一名持盾侍卫,但这样的做法效果不彰也不常见。不过弩兵虽然花在张弓搭箭的时间远多于实际发射,但每一击力道十足,所以派出专人保护还是值得的。

战争场景由于巨盾的出现变得十分壮观,随着巨盾缓慢而坚定地向前推进,敌军也一个接一个地倒下。在攻城时尤其适合在巨盾的掩护之下

英国弓兵与骑士（1415）

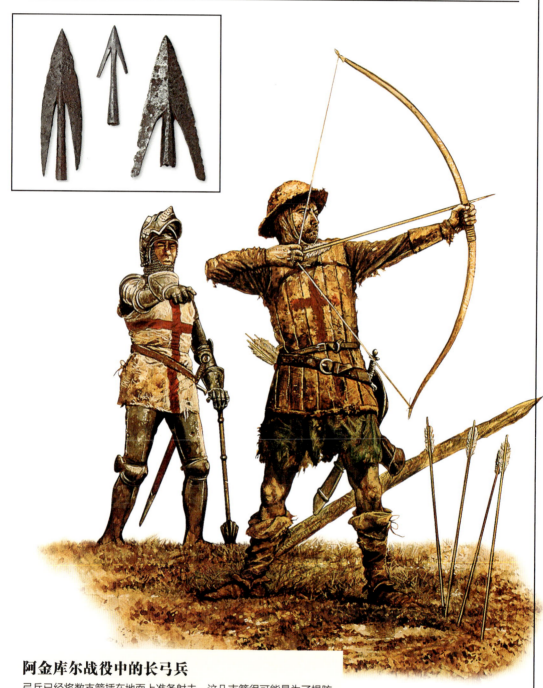

阿金库尔战役中的长弓兵

弓兵已经将数支箭插在地面上准备射击，这几支箭很可能是为了提防敌军冲入己方阵线时需要紧急应变而预备，平常攻击时仍然会由箭筒抽出使用。弓兵附近会放置防御用的木桩，在敌方骑兵攻过来可以延缓甚至刺伤对方，弓兵自己也会携带可近身作战的武器，图中的弓兵带的可能是介于刀和剑之间的钩剑或较短且厚重的弯刃大刀

巴约挂毯中描绘的诺曼弓兵，他们在黑斯廷斯战役中由于箭矢不足，没有发挥平常的实力

反击，就不至于让守城的一方独享城墙掩护的优势。

不过不是每个地区都使用巨盾，有些弩兵会背较小的盾，在装箭时就转过身以盾防护，有些会穿盔甲，也有些人以不穿盔甲换取机动性，但却增加伤亡的概率，只能祈祷自己不要被射中。

弩的射击速度相当慢，因此弓兵在重新张弓时特别容易遭到攻击，不过十字弓兵部队很少整排同时放箭，所以多少降低直接遭到攻击的概率。他们一般会张弓搭箭、找到目标之后发射，然后开始重新张弓以保持攻势稳定不断；如果敌军靠近通常也会有士兵已经张好弓，随时可以发动攻击。

一般都认为弓兵部队射出的箭量大大超出弩兵，在战事刚开始时确实

一名弩兵在重新张弓搭箭时将巨盾背在背上作为防护，两名弩兵则躲在巨盾后方，注意他们利用滑轮来帮重型弩上弦

弩兵

15世纪的弩兵重新张弓时以巨盾掩护，他身上的铠甲颇为厚重，应可确定是专业步兵，可能为佣兵。弓兵不适合穿厚重铠甲因为可能意外钩断一般弓弦，但是弩兵就没有这个困扰。弩兵可以待在巨盾后方张弓或射箭，基本上就可以安全避开敌方投射部队的反击，如果拿手持武器的敌方部队冲过来，他也可以在近距离直射之后抽剑抵御

15世纪的弩，相对较轻，是以一脚踩住前方的弩镫再用双手将弦往后拉的方式张弓搭箭

如此，但是随着战斗的时间拉长、兵员的体力流失，由于弩张弓较为省力，因此弩兵的后续射箭量缩减的速度反而没有弓兵那么快，到后来两个兵种的射箭量也就相差无几。

投石兵与标枪兵

投石索到了中世纪已经不再盛行，不过有些部队还是维持投石兵的编制，通常是类似佣兵的非正规兵员或是由较落后的部族按照盟约派出的援兵。投石索制法简单而且所用石弹容易取得，不过需要相当的技巧才能纯熟运用。随着时代逐渐进步，很多地方的人民打猎时也不再使用投石索，因此投石兵也越来越稀少。

阿尔莫加瓦尔步兵

这支部队原来是由比利牛斯山区招募，后来也由西班牙其他地区招收兵员，在欧洲各地担任佣兵。装备轻而机动性强，以较重标枪搭配短剑或匕首，不常穿甲胄，但有些士兵会戴帽盔。虽是散兵部队但也是纪律严明的专业部队，训练有素的他们熟悉不同的高明战术，专精于在极近距离攻击马匹以对付骑兵，等到骑兵落马之后再靠近以剑或匕首加以刺杀

中世纪时的部队多半排成紧密队形，但由于使用投石索需要大力挥甩，不仅要有足够的空间还要算准抛出石弹的时机，一点小失误都可能造成严重后果，基于这两个原因，投石索慢慢不再适用。再者，在攻城战中弓兵和弩兵可以寻找掩蔽，但投石兵却必须暴露自身，因此投石索也不再适合用来攻城。

附有握柄的机弦比传统投石索更容易使用，投石兵尤其会在要抛掷整罐生石灰或大型弹丸时加以利用。部分数据显示由于湿气容易影响弓的使用，因此投石索也是船上常见的武器。

标枪兵在中世纪战场也不像过去那么常出现，过时的理由和投石

巴约挂毯中描绘步兵将矛掷向诺曼骑士的情景：标枪或矛的重量在掷出后会集中在尖端，威力足以穿透铠甲

投射部队 143

蒙古弓骑兵

蒙古弓骑兵是中世纪数一数二的精锐部队。他们在行军时会用绳索牵住成批的备用马匹，因此得以在短时间之内以高效率移动很远的距离，造就了可以在各地闪电突袭的高机动性。在战略运用上，弓骑兵兼具机动性和射击火力，可以趁敌弱我强时攻击，等到对方反击再迅速撤退，之后从其他地方回马再战。因此弓骑兵必须在高速奔驰时还能百发百中，同时又能妥善控驭坐骑，士兵必须勤练不辍，才能维持这样的境界。

兵差不多，不仅因为射程短，也因为准确投掷标枪需要相当的技巧和足够的空间，即使是像飞镖这种类似轻型标枪的武器在携带上仍嫌累赘，制作也颇为费时，因此要在整场战役中维持供应不断就成了问题。标枪兵和投石兵一样，多为出身猎户或来自部族的非正规兵员，虽然对于战局可能有所助益但不一定可靠。一群标枪兵可以负责袭击敌军或到各地劫掠，但标枪兵和投石兵向来以敏捷行动避开近身肉搏和投射攻击，多半不穿甲胄或仅着轻装，因此在中世纪最常见的攻城战中反而很难有所帮助。

弓骑兵

让弓兵骑马即可兼顾射击火力和机动性，听起来确实相当吸引人，但是要训练出骑射皆精的兵员却非易事，因此其中一个解决方法就是分配所需成本低的马匹给弓兵或弩兵。让他们骑马移动到战斗位置再下马射击。这就是"龙骑兵"的由来，这个原先属于骑马步兵的兵种后来演变成真正的骑兵。

不过让原本徒步作战的弓兵或弩兵骑马还是会出现问题，一是下马之后就失去机动性，而上下马匹也会耽误时间，在全队士兵都不擅长骑术时尤其严重。另一个问题是弓兵射箭时坐骑要怎么办？骑马移动的投射部队势必要派人留在近处看顾以免马匹走失，但这么做又会减损部队的战斗力。

蒙古马鞍

马鞍对于生活中高度依赖马匹的民族极为重要，蒙古人的马鞍是以木架为基座再覆上皮革，其上越多银白雕花价值也越高。古代蒙古人有一个传统，在上战场或打猎之前都会对着鞍具及挽具祷告祈福

蒙古弓骑兵装备

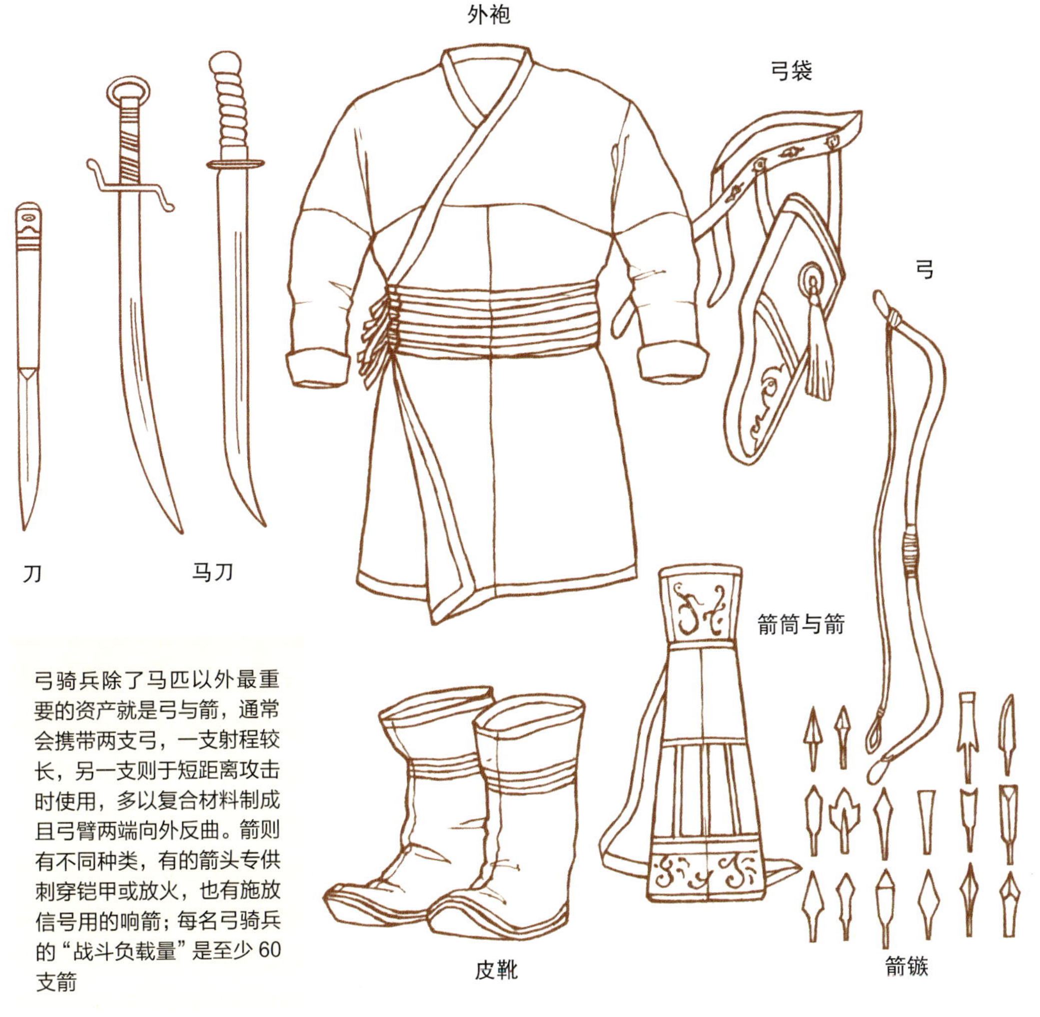

外袍

弓袋

弓

刀　马刀

箭筒与箭

皮靴　箭镞

弓骑兵除了马匹以外最重要的资产就是弓与箭，通常会携带两支弓，一支射程较长，另一支则为短距离攻击时使用，多以复合材料制成且弓臂两端向外反曲。箭则有不同种类，有的箭头专供刺穿铠甲或放火，也有施放信号用的响箭；每名弓骑兵的"战斗负载量"是至少60支箭

如果投射部队都是能在马背上射箭的好手就不会发生这样的问题，他们不再是有坐骑的弓兵，而是真正的弓骑兵。然而训练一般弓兵所需的时间已经很长，更别说是训练骑射都需要达到很高水平的弓骑兵了。虽然这样的兵员还是可以借助训练养成，但是最精锐的弓骑兵往往来自在马背上讨生活的民族。

一般弓骑兵是由惯于骑马作战或打猎的部族征募而来的散兵部队，这些部族首领可能是基于效忠帝国、宗教信仰或为了分得战利品才贡献兵力，而散兵也只听从首领的号令，在战场上的行为就比较难控制。

弓骑兵通常不会整排一起射击，而是快速靠近敌军放几发箭之后就退开让坐骑休息或补充箭矢，因此他们的作用偏向消耗敌军的体力而非摧毁其队形。然而在紧急情况之下他们可以从任一方攻击，有危险就很快退开，因此也能有效打击敌军。很多部队无法追赶弓骑兵，无奈之下只能尽量反击或被动地等待弓骑兵自行退走。

轻装弓骑兵主要出现在北非和中东地区的伊斯兰教国家，当时侵略欧洲的匈奴人和蒙古人等民族也以此为主要战斗力。由于这些民族或落脚东欧或

蒙古缀甲

蒙古战士也穿着比兽皮制束腰外衣更重的缀甲衣,这种甲衣和锁子甲、链甲或鳞甲相似,是将金属条片固定在衬底衣物上制成,不过缀甲用的金属条片相当狭长而且相互重叠,穿上之后既有防护效果又能行动自如。缀甲上常在前臂等不同部位以板甲加固,通常是由多片板甲缝缀在一起,制作方式与缀甲相似

早期的火枪

这名胡斯(Hussite)步兵拿的"手炮"是最早期发明的一种火枪,是在短木棍上装一根封闭的末端设有火门的单管所制成。装填弹药时是将火药倒入枪膛再放上弹头,火药在被火绳点燃之后爆炸的力量会将弹头推出枪口。这种火枪射程短、准确度低让人心酸,填充弹药需要的时间比张弓搭箭还长很多;唯一值得称道的是即使目标靠得极近也能发射,不像弓兵或弩兵需要较长的距离

影响当地的军事文化,弓骑兵在此地也日趋普遍。

典型的轻装弓骑兵多半只戴轻帽盔、穿布或皮制的短上衣,身上几乎没有其他护具,弓箭之外通常携带小盾及弯刀或类似的轻剑等防身武器。

部分地区也有较重装的弓骑兵部队,有些伊斯兰教国家会让弓骑兵穿轻型链甲,比较富裕的部族战士可能也负担得起这类铠甲。经过编制的重装弓骑兵部队相对来说极为罕见,但是至少拜占廷帝国确实会让部分重装甲骑兵使用弓箭,这样就有一群功能多元的重装骑兵可供差遣,既能射箭也能发动震撼攻击。有些重骑兵也会使用飞镖或轻标枪,不过只能射出一击,不算正式兼具投射部队的功能。

随着时代演进,西方也有越来越多的国家让

骑马的弓兵或弩兵穿着更厚重的盔甲,虽然降低了机动性,不过一般西方军队对敌时本来就不倾向快速复杂的行动方式,而是偏好以重装兵员采取集中火力强攻的攻城锤式战法。

火绳枪兵

火绳枪兵一直到了中世纪末期才跃居重要角色,虽然他们用的原始火枪远逊于其他投射武器,但由于火枪的地位在某种程度上还是比较高,多少抵消了实用性不足的缺点。火绳枪兵不仅必须扛着相当重的火绳枪,还要携带火药、子弹和引线,几乎没有余力再负担铠甲的重量。但是无论如何,遭到敌军攻击时他们还是必须暂时放下火绳枪,改以防身武器和敌军搏斗,有可能在近身作战过程中离自己的枪越来越远,因此在战略运用上最好让火绳枪兵尽量远离敌方步兵和骑兵。

火绳枪兵在守城攻防战中特别能够发挥威力,因为他们可以将枪管由城墙的射击孔中伸出去开火。而弓兵和弩兵却没办法这么做,因为射箭时弓臂需要往前弹动的空间,即使弓兵的技巧高明可以瞄准小孔还是不可能透过孔洞射击。

扬·杰士卡(Jan Zizka,1360—1424)是杰出的军事领袖,在面对具有优势的正规军队时让胡斯派农民兵躲在以马车围成的阵地之后用火枪攻击,最后以独特的战略出奇制胜

1420年前后的胡斯战争

胡斯派并非单一部族、邦国或王国,而是在扬·胡斯呼吁腐败的教会进行改革但却被视为异端分子遭到处决之后兴起的宗教组织。胡斯运动很快演变成公然叛变,于是教宗下令镇压。

胡斯派其中一位领军者是曾经从军的扬·杰士卡,由于胡斯派主要是一群挺身反抗的农民集结而成,但他们要面对的却是重装骑士和其他专业部队的强猛攻击,因此杰士卡必须想出奇计克敌。他深知状况紧急来不及进行特训,但是未经训练的农民一旦面对骑士的冲锋只会溃不成军,所以他的应对之策就是利用加固的马车设计出特别的阵形。

于是胡斯派遭到攻击时就将各自的马车车厢围成一圈,然后躲在马车后用弩、火枪和其他可用的手持武器反击,这些手持武器大半是农具。

胡斯派由于使用手炮和可发射石头和箭的铁弩而声名大噪,这两种武器的杀伤力极强而且几乎不需什么训练就可以使用。马车围成的阵地也奏效了,军队的正面攻击成了小规模的要塞攻防战,农民也有机会和装备更加精良的军队一战。

胡斯战争中士兵攻城时使用的早期火枪,虽然使用时会发出不少噪声足以让敌人心生畏惧,但是这种手炮其实杀伤力不强

投射部队

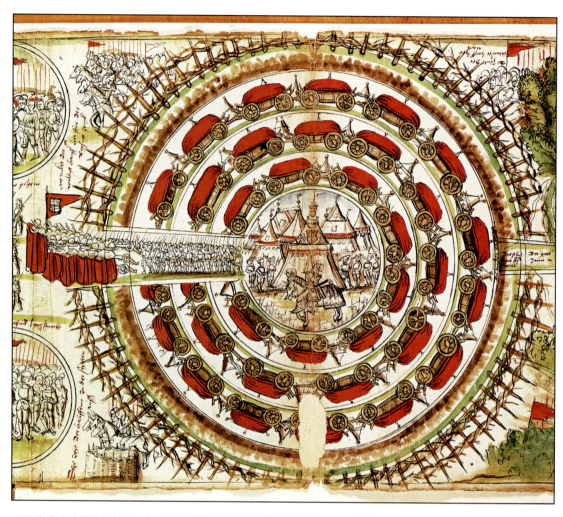

1450年左右的塔博尔（Tabor），这个由胡斯派建立的城镇位于波希米亚王国境内，起先是筑有防御工事的军营

投射部队所用武器

大部分投射武器都是采取穿刺攻击，也就是说不仅要击中，还要以贯穿目标的方式造成伤害。当然任何武器如果力道大到足以贯穿目标都会造成某种重击力，但重击只是次要，投射武器的主要功能还是深深刺入目标。部分投射武器确实依赖武器的重量来施予重击，比如投石或近距离投掷钉头锤，也有像投石索和投石用攻城器等可用比士兵徒手更大力且快速的方式投射弹丸的专门装置。投掷用的飞斧的攻击方式则介于穿刺和重击之间。标准的穿刺型矛箭由尖端和柄杆构成，柄杆不仅可供投掷时推送，也有助于保持矛箭的飞行轨迹呈直线，同时让投掷出的重力集中在矛箭尖端，这类矛箭的柄杆在飞行中并非僵直不动，而是具有弹性以增强穿刺的力道。

箭或其他类似的投射武器在射中目标之后尖端移动的速度会减缓，但是后方的柄杆会持续推送，因此箭身会微弯，在具弹性的箭柄变形的极短时间之内存储能量，等到箭柄恢复笔直时就能加速将尖端推入目标体内。这样的效果虽然无法用肉眼看见，但利用高速摄影就可以看得很清楚，箭头在这样的作用力之下不仅可以深深刺入皮肉，甚至可以贯穿铠甲。投射武器除了单纯投掷，也可以用不同的方式发射。弓与弩虽然外观和用法不同，但是发射原理几乎完全相同，都是利用系在弓臂两端的绳弦将弓身往后拉弯蓄积能量，放开绳弦之后弓臂会恢复原状，这时绳弦上如果有东西就会以相当快的速度被推送出去。

使用蒙古弓射箭

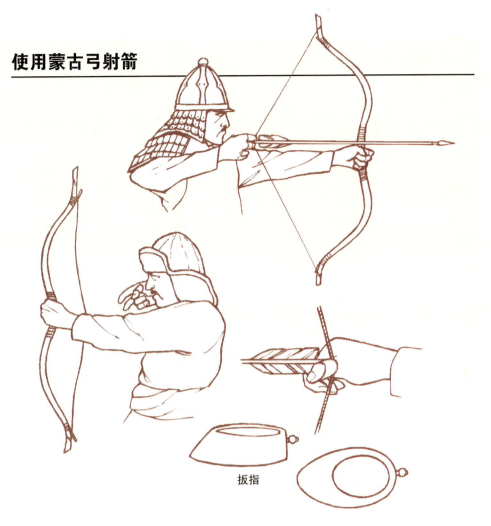

扳指

蒙古弓虽短但威力却比长度相近的弓更大,弓箭手借助将搭在弦上的箭拉过面前到耳旁以增加力道。不论将弓弦拉到底或只拉到面前都能看箭头瞄准,提升直接射击时的准确度。欧洲人比较常用食指、中指和无名指勾弦,但蒙古人是用拇指勾弦,不同的拉弓方式各有优缺点。蒙古人会在拇指上戴扳指避免勒伤,扳指可能是用皮革或兽骨、金属或石头等比较坚实的材料制成

弓

弓由弓臂和弓弦组成,不过其他细部结构可能有所差异,通常弓越长威力就越大,但要取得长度适合的木材才能制作。西班牙的紫杉虽然生长缓慢,却是咸认最好的制弓材料;有些弓是用单块木材制成,有的是组合而成,也有的采用兽角、肌腱等复合材料,当然还是少不了木材。

只要选对材料也能制造威力强大的短弓,而制弓师傅的技术就在于利用不同的弹性材质的特性制出最强韧的弓,即使只是以心材和边材制成的单根弓臂配上良好的造型也能成为一张良弓,不过如果配置有误可能会造成弓在使用中断裂。

弓的形状也多少有些变化,有些弓属于反曲弓,也就是弓臂上下两端朝外弯曲,其他的弓则没有这样的设计。虽然弓的构造和形状甚至搭箭的方法在各地都不太相同,但是张弓搭箭的模式大致不变。弓平常不用的时候不会系上弓弦,以免弓臂弹性疲乏,最后无法使用;上弓弦所需要的力量大于拉弓,因此必须技巧纯熟才能操作能力范围之内可

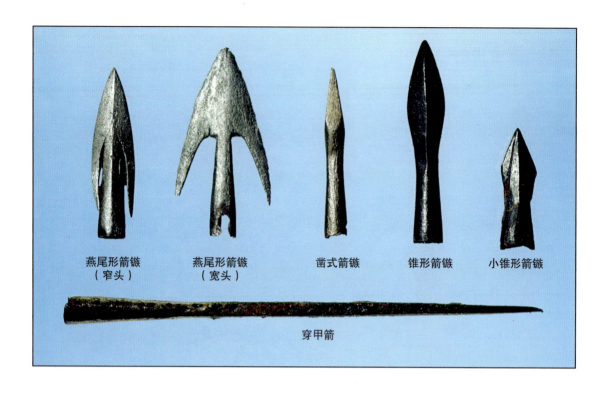

燕尾形箭镞（窄头）　　燕尾形箭镞（宽头）　　凿式箭镞　　锥形箭镞　　小锥形箭镞

穿甲箭

用的最重的弓。

弓箭手会随身携带备用弦绳，也会尽量取用最好的箭。制箭的技艺与制弓不同但同样重要：箭柄不仅必须尽量保持笔直，同时也要保持弹性以承受落在目标上的冲击力道；箭柄末端一般会刻出搭弦用的凹口并加装箭羽，凹口如果做得不好可能会影响射击的准确度。

箭镞的形状也有很多变化，宽的箭镞用途较广，多半还有往前或往后指的倒钩，因此中箭之后很难拔除。专门用来射穿铠甲的"锥形箭"的尖端没有倒钩，但是比一般的箭头杀伤力更强。

箭可以达到极强的穿透力，曾有证据显示用威尔士长弓射出的数支箭能够射穿10厘米厚的栎木门，也有以箭射穿骑士的腿甲、腿和坐骑的记录，神射手也能够将箭射入骑士头盔的窥孔。虽然听起来很不可思议，但是很多英国弓兵确实能够射中在46米远处移动中的敌兵头部，根据平均法则这表示持续放箭终究会射中对手防护较弱的地方。

弩

弩也有多种形式，有些采用金属弓臂，有些则用木制或复合材料就足够；最轻的弩只能用来猎鸟，但重型弩弓足以射穿甲胄将装备最精良的骑士击杀。张弓搭箭的程序完成之后，原则上就可以不拘时间长短一直拿着，因此射手可以谨慎地瞄准目标务求一击必杀。

有些弩在张弓时是利用前端弩镫，弓箭手以脚踩住弩前端同时将弓弦往后拉，这时多半会用牙钩扣住弓弦。威力更强的弩弓则是用滑轮装置来上弦，速度虽慢但是射出的力道极大，具有金属弓臂的铁弩就是以这种方式上弦。

弩箭通常比弓的箭更短、更重，因此制造上也比较容易。弩箭是利用相当的分量施予重击，所以会比箭更加粗厚，再加上射出之后的飞行轨迹比较平直，可以在敌人的甲胄上给予结实一击加以贯穿。

据说教宗曾因为弩这种武器过于野蛮而明令禁止教徒使用，但这一点至今仍有争议，因为一般的弓造成的伤害不会比弩小。有一个可能的解释是社会因素，由于一般平民几乎不需经过什么训练就能用弩在骑士和他身上的铠甲上射出一个洞，开放用弩等于是给了农民摧毁贵族菁英的便捷武器，所以教宗如果真的曾经下令禁止用弩，也许是为了维持社会上的阶级秩序。

不同类型的弩

干镫弩

左图：相对较轻，可以不用机械装置辅助以徒手张弓，其名称的由来是弩前方的干镫。弓兵要拉弓就位时会用脚踩住弩镫，接着只需用双手将弓弦往后拉至定位扣住，要等到启动发射装置弓弦才会弹开

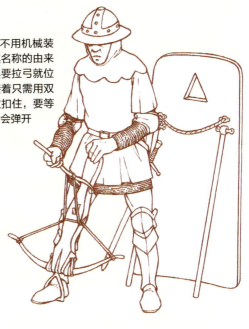

棘轮弩

右图：借助以把手操作的棘轮装置就能拉动以人力难以拉开的弓弦，张弓时必须上下拉动把手数次，每次拉动都能将弓弦扣住固定

钩爪弩

左图：张弓方式和一般使用弩钻的弩相似，但是利用钩爪装置抓住弓弦之后再将钩爪往后拉，对弓兵来说就会比较轻松，即使手动张弓也能发挥极大的威力

滑轮弩

右图：威力最强大的弩是利用形似单车踏板的绞盘装置来张弓，操作时同样要将弩前端立于地面，有些也会加装弩镫，可以踩住后再慢慢扭绞将弓弦拉至定位，其优势在于利用机械装置拉动射击力道极强的弩

火枪

火枪也能存储能量再爆发,不过爆发方式是点燃之后进行化学反应。火药不会爆炸但会爆燃,也就是以极快的速度燃烧。火药燃烧产生的气体在无法倾泄的状况下会迅速膨胀并大力推挤四周的障壁,就火绳枪之类的火枪而言,气体的唯一出路就是枪口,而枪管中可活动的弹丸就会被气体以高速向外推送,借助长直枪管的引导可以达到一定的准确度。

早期的火枪极难瞄准,一直到发明具有膛线的枪管之后才有所改善。球形的弹丸射出之后在空气中会受到阻力,对于远距离目标的杀伤力反而不像符合气体动力原理的箭或弩箭那么强,不过在近距离造成的巨大震击力只有穿着厚重铠甲才能抵挡。枪弹穿透目标的方式和箭不同,是挟着冲击力冲撞进入铠甲和皮肉,即使被铠甲挡住还是能够造成伤害甚至致命。

最早的火枪称为"手炮",基本上就是装了一个钟形容器的木棍,不仅功效不佳而且使用时常会走火误伤,但是之后就发明了如轻型火绳枪等效果更好的火枪,这种火枪多少已经具有现代来复枪的雏形了。

使用火绳枪时要先将火药倒入枪管,接着放入铅弹,然后在枪侧的药锅放入较少的火药,听到"开火"的号令时就利用火绳将药锅中的引药点燃。如果一切顺利,药锅中的引药会经由药锅一

火绳枪兵(1460)

勃艮第战争时期风格
手炮慢慢发展完备成为实用的武器,各地也开始出现火枪部队。火绳枪的杀伤力极强,但是射击速度很慢因此容易遭到敌军反攻。在攻城战中还不构成问题,但到了战场上只能以轮番开火的方式弥补,让士兵开枪射击之后就退到队伍后面重新装填弹药。而当时公认最有效的方式就是让长矛兵或其他部队保护火绳枪兵,军事史上于是出现了所谓的"枪刺与射击"时期

这些1500年左右的铁制手炮来自低地国家

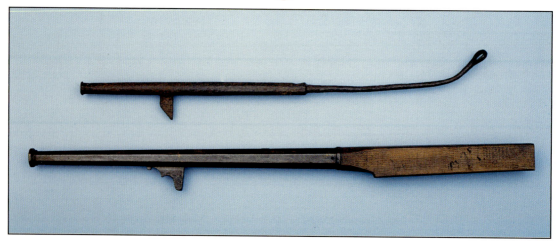

早期的手炮

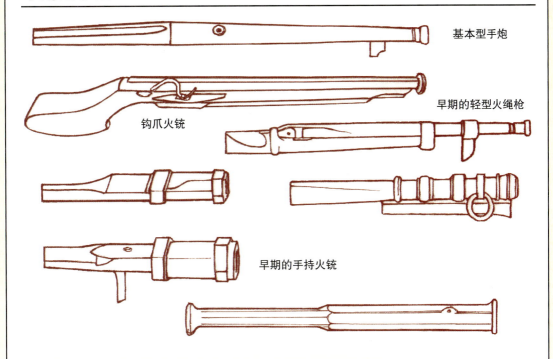

基本型手炮
早期的轻型火绳枪
钩爪火铳
早期的手持火铳

早期的手炮种类

早期的手炮有几种基本形式，可能只是在木把上装一根铁管，也可能是称得上现代来复枪前身的火枪。枪管下装设的钩爪是用来在射击时稳住武器，可以放在城墙或撑架之后往后拉让钩爪钩住支撑物的外缘

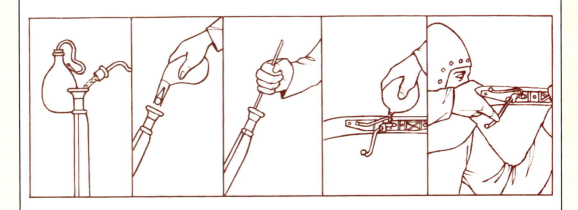

使用早期的火绳枪射击

火绳枪兵多半会携带数个装有射击一次所需火药分量的弹匣，在装填时是将火药倒入枪管之后再放入弹头，接着用舂杆将弹药推入枪膛，以底火引燃预留在枪机侧面药锅中的引药就可以准备射击；最理想的状况是在听到"开火"的号令时，一动火绳就点燃药锅里的引药送出子弹

英国长弓兵装备

附飘带兜帽

汗衫

上衣

长弓

箭

皮靴

圆柄匕首

长弓兵通常属于自耕农阶级，也就是家产不多的自由民，因此从军时也只有基本的装备。其中最重要的当然是弓，他也会携带几根备用弓弦，而自备的箭在开战之后很快就会用毕。此外也会准备可以应急的防身武器，图中所示为圆柄匕首。长弓兵上战场时只有自己平常的衣服可穿，幸运的话衣物多少能保暖防风，不过在激烈的战斗中衣服很快就会破损。他出发时可能也会带其他东西，但个人物品在行军途中有很大的可能会丢失

侧的火门引燃枪管里的火药；当然，引燃的火苗也可能在锅中一闪即灭，这时候就必须再次放上底火。

其他可能碰到的状况包括火药受潮无法点燃；或是引燃失误，枪管中的火药只有一部分烧起来但是无法成功推动弹头；或者"迟发"，即火药没有马上引燃，等到几秒钟之后才开始燃烧。

即使顺利射出子弹，重新装填也需要一些时间，因此火绳枪兵采用轮番上阵射击的方式，枪支已上好底火的士兵移到队伍前方瞄准目标开火，之后就转向移到队伍后方开始装填弹药同时慢慢往前移，等弹药准备好之后也再次轮到他射击。重新装填时有可能会发生迟发、误射、火绳误触火药等各种意外，如果发生在队伍后部就可能造成攻势中断。

重型火绳枪可以装在马车或城墙上作为防御之用，这种火枪威力强大但是射程与一般火绳枪相差无几，不过只要在适当的情况下运用还是可以置敌于死地。比如胡斯派就偏好采用将马车以链锁住形成防守阵形，然后由火绳枪兵和铁弩兵从有利位置攻击，可以妥善发挥手中武器的优势。

投石索

投石索的重击力道和火绳枪射出的弹丸相仿，用来对付盔甲其实相当有效，不过很难找到擅用投石索的好手。使用投石索是在挥甩的过程中"储存"能量，松手的时候石弹就会像火绳枪弹一样以平直的弹道飞出，不过比火绳枪更难瞄准。

蛋形的石头射出之后会在飞行过程中旋转，因此准确度会比较高，射程也长于圆石。当然火绳枪弹必须是球形才能放入枪管，不可能制成卵形。一直到现今虽然子弹早已发展成圆形之外的其他形状，不过习惯上还是会以"颗"（round，本义为圆）当作子弹的单位"发"。

装备与盔甲

如先前所述，投射部队极少穿着铠甲而且只携带一件防身武器，但随着时代演进和冶金术的发展，打造耐用的长剑的难度和成本都降低，因此越来越多的人买得起剑。由于剑与其他防身武

描绘19世纪英国长弓兵的风格化插画。由于剑的价格随着时代演变逐渐下降，有些弓兵也开始佩剑

器相比之下具有杀伤力又不至于携带不便，于是逐渐成为标准配备。

投射部队携带的其他装备都与主要武器有关，包括备用的箭矢和弓弦以及可以简单修理弓的工具，这些差不多就是一名士兵可以负担的最大量了，而且他还需要背负粮食、衣物，幸运的话还

使用长弓射击

弓箭手打直左手臂握住弓臂中央保持弓身正直，因为将弓弦朝自己的方向拉会比将弓臂朝与自己相反的方向推来得容易；将箭置于弓箭手的左手上，将箭往后拉至脸旁的位置，如此可以让弓臂蓄积最多的力量，也能看着箭头的方向瞄准：箭尖至弓箭手右手肘保持一直线，放箭时就不会迟滞也能达到最高的准确度

放箭轨迹

目标的距离很近时可以将箭直接指向目标后放箭，不过通常必须让箭以弧形的弹道轨迹射出才能击中目标，"箭术"（archery）一词即源于拉丁文的"弧"（arcus）。因此射击时必须将箭头朝上，注意弓箭手向后的手肘和箭尖之间呈一直线，而其身体稍微向后倾以便将弓与箭转到正确的角度

姿势

射箭是一门艺术而非技术，确实像是手臂位置和勾弦方式等原则对于每个人都适用，比如英国弓兵是以食指、中指和无名指勾弦，和前面所介绍以拇指勾弦的蒙古弓兵就不同，但是具体姿势却因人而异：有些弓箭手会站直身体，有些人会朝弓的方向前倾，有些人举起弓的角度远大于其他人。射箭的某些技巧可以学习，但是个别弓箭手如何百发百中的细节窍门却必须勤练多年才有可能习得

1340年朝靶垛射击的英国弓兵,出自杰弗里·勒特雷尔(Geoffrey Luttrell)爵士出资请人编撰的《勒特雷尔圣诗集》,成书约在1340年

有野营装备可带。此外弓兵有时也需要在作战位置前方的地面立起尖头木桩或挖出坑洞对付骑兵冲锋攻击,因此还需要携带构筑防御工事的工具,如果需要移动位置就连木桩也要一起带走。

对于投射部队而言,无论携带哪些箭弹在开战之后都会很快消耗,体力也会在病疫、食物短缺和疲乏的状况中持续减损,所以士兵很快就会开始抛下不必要的装备,最后只剩下武器和维持生存所需的最精简的装备。

日常生活与作战训练

各地投射部队的士兵通常出身猎户或者本来就是以弓箭或矛等投射武器维生,其优势在于他们等于随时都在练习而且可以自备武器,可能的缺点在于猎人或类似的民间勇壮通常比较自由散漫,不习惯受军令制约或团体行动,因此这类士兵通常比较适合组成散兵部队而不适合加入投射部队。

应对之道是鼓励民众将弓之类的民间惯用投射武器当成运动器材,借助举办射箭比赛并提供优渥奖金来培养射箭文化,如此一来即使不是靠射箭维生的百姓也能学习用弓。

英格兰就曾通过要求人民定期练习射箭的法令,只要将射箭训练改成以友谊赛和社交活动的方式进行就比较没有压力。以前各村的弓箭手在周日下午练习射箭时会在村中公共场地的巨石上磨利箭尖,很多村子到今日都还摆着这些磨损的巨石。

如果弓箭手在练习射箭时意外射伤或射死人,英格兰过去也有法条特别赦免其罪,而英格兰历代的统治者也很明智地以各种手段大力推广射箭,甚至禁止民众从事其他运动。

优秀的弓兵要能拉动在战场上足以伤人的重型弓,在瞄准时箭头不会抖,放箭姿势正确而且可以射中距离100米以上移动中的目标,需要经过数年之久的特别训练才能将胸臂肌肉练到可以达到这样的标准,当然射击的准确度也是以勤练不懈换来的。

这意味着真正称职的弓兵其实很难培养,当然价值也极高。任何人拿了矛都可以听命朝目标戳刺,弓却不然,因此弓兵的价值超出矛兵,他们的薪饷和地位都比较高,在战争时也比较可能受到统帅的照顾。

英格兰弓兵一般属于自耕农,可能是拥有一个小农场或一点土地的自由民,虽然不是有钱人或上层阶级,但在一般状况下由于社会背景和战争表现使然,其地位已经高出普通农民。在当时的社会情况下,社会地位与部队中的地位息息相关。

训练一批战时可以即刻动员的弓兵部队需要投入大量时间和精力,因此有这样需求的国家必须像英格兰一样通过社会制度维持稳定兵源,或

一名弩兵正准备射击,另一名利用弩镫张弓,利用背和腿的力量张弓会比只用双臂省力

者蓄养一批专业弓兵持续训练,但这样的做法同样需耗资甚巨,两种做法都无法负担的国家就只能派出素质低劣的弓兵或是寻求外援。

当然也有使用投射武器的佣兵部队可以雇用,虽然要在短期之内付出不小的金额,但是等到战争结束就不需继续付费;而另一种在战后打发佣兵的方法就是不要付钱等他们自行解散,但是这样做也有相当的风险。佣兵之外也可以从当地部族征召平时用弓箭、标枪或投石索的猎户,不过这些非正规兵员在战场上的表现可能不如预期而且未必可靠。还有一个办法就是培养可以速成的投射部队,而弩兵就是最理想的选项。弩的造价虽然高于弓,张弓搭箭的速度也比较慢,但是用法简单,而且弩箭速度快、力道强劲,连具有相当厚度的铠甲都能射穿,其飞行轨迹平直因此也很容易瞄准。

用弩不需要利用特定的肌肉群,所以可在短时间之内培训出弩兵。而弩弓张开之后,理论上就能拿起随时朝目标射击,当然训练有素的部队射击的速度和准确度都优于仓促召集的士兵,面对敌军威胁时也比较能够稳住阵脚。但是要将弩兵训练到一定程度的时间毕竟只需要以天或周来计数,不像训练弓兵是以年计算。

这样的评估也适用于火枪兵,火绳枪射击时很难瞄准,不过近距离使用却能达到极强的杀伤力,所以只要对一名士兵稍加训练就足以充分发挥火绳枪的威力,至于高命中率本来就不是使用火绳枪可以达到的。

对于征召而来的火绳枪兵而言,训练重点在于如何装填弹药、在队伍中移动到射击位置,还有如何有效避免走火炸伤自己或同袍。

虽然操作火绳枪的程序就当时的标准来说算

是十分繁复,但在反复的严格训练之下还是可以学会必要的技巧。使用火绳枪不需要高明的技艺,只需一再重复机械化的操作手法。

因此不需很长的时间就能训练出一批火绳枪兵,等到战争结束之后也能毫不费力就地解散。维持常备军队需要消耗大笔经费,而火绳枪兵的优势之一就是可以随时再度动员又解散却不会减损战斗力的兵种。对于随时都要备战但军费永远不足以应付所需的国王和领主而言,这个兵种实在再吸引人不过。

1346年的克雷西

在克雷西战役发生的时代,欧洲大陆几乎没有人相信有任何部队可以承受法国骑士和武装骑兵的大规模冲锋攻击。当时的人很明显忽略了英格兰军队在哈利登山所用的联合攻击战术相当有效,或者认为他们纯粹是一时好运,无论如何,英格兰军队在此战中击败的苏格兰军队以长矛兵为主,不是穿着最精良盔甲的贵族骑士。

1346年英格兰军队在英王爱德华三世的统率之下在法国境内与法军作战,一开始进展良好,但英格兰军队在体力消耗和补给短缺之下渐处颓势,只好奋力往东北方移动试图与结盟的法兰德斯人会合。爱德华三世麾下约有2000名骑士和武装骑兵、1000名矛兵还有最重要的5500名长弓兵,此外英格兰军队还备有几门聊胜于无的粗劣火

描绘克雷西战役的15世纪插画,图中可见法军用弩而英格兰军队偏好长弓

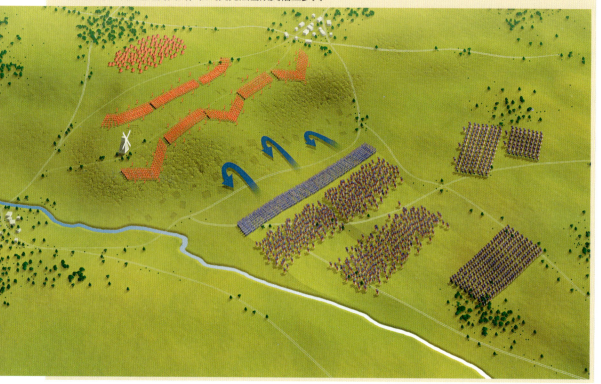

1346年克雷西战役

英格兰军队（红）在克雷西的部署极为理想，由成队步兵保护的弓兵得以充分发挥优势，而法军（蓝）为了正面攻击英格兰军队的大批弓兵不得不朝上坡移动，因此英格兰弓兵可以从比平时射程更远的距离就放箭，射出的箭即使没有射中骑士也会落在坐骑身上。等到两军距离拉近，英格兰军队的箭甚至可以直接朝法军直射。法军虽然能够和英格兰军队近距离交战，但终究无法击败英格兰步兵

炮。法王腓力四世率领的法军紧追在后，法军约有10000名骑士和武装骑兵、来自热那亚的6000名弩兵和14000名征召而来的民兵。由于英格兰军队一直无法成功摆脱法军的追击，爱德华为了避免部队在行军途中被法国骑兵赶上，决定找一个地点奋力一战。

英格兰军队的骑兵人数远少于法军，爱德华决定发挥己方部队的优势，他移到山丘上采取守势，将侧翼部署在克雷西村，前锋部队由矛兵、徒步作战的武装骑兵和弓兵等小队交错编置，后方安排了后备部队，严阵以待的英格兰军队甚至在阵线前方挖好陷坑以便阻滞法军骑兵的冲锋攻势。

虽然法军抵达时天色已经不早，但是他们立刻发动攻击，最先派出的是热那亚的弩兵部队，他们在精良盔甲和巨盾的防护下以铁弩攻击。这支佣兵本来应该是战场上的精锐战斗力，但在疲

急不堪且队形混乱却还要往上坡射击的情况下却失去了平时在射程上的优势。

总之有多名法军指挥官开始不耐烦，于是骑兵向前冲锋强行穿越弩兵的队伍，等到抵达山脚时却碰到英格兰军队万箭齐发，在箭雨之下几乎直接倒在马背上。法国骑士不屈不挠地向前冲刺，更多箭矢直接射在身上，最后终于到达英格兰军队阵线，但攻势也完全溃败，被步兵和徒步作战的武装骑兵联手击退。

当天英法双方就这样一再重复同样的攻守过程，法军退却之后重整旗鼓再次冲杀，不包括就地攻击，总共进行了16次冲锋，而英格兰军队阵线虽然数度告急，却始终不曾后退，更别说被攻破。法军最后在夜里撤兵。

由于每次冲锋时都会面对漫天箭雨的猛烈反攻，因此法军骑兵完全没有机会突破英格兰军队

防线,他们在此役中等于是直接冲撞英格兰军队步兵组成的铜墙铁壁,最后撞得自己粉身碎骨。英格兰军队在此役中约有百人伤亡,而法军却损失了 1500 名左右的武装骑兵和骑士加上大约 10000 名步兵,不过大多数损失的步兵可能没有成为箭下亡魂而只是默默消失。

战术与技巧

使用投射武器有三种方式:冲锋攻击、散兵游击、成排射击。步兵可以在快接近敌军时将重型投射武器如标枪、斧或钉头锤等掷出,再利用敌军队形混乱的时候以手持武器攻击,此法比较偏向一般步兵冲向敌阵时削弱对方战斗力的计策,而另外两种就属于投射部队的正规战术。

散兵游击

散兵游击战术最适合用来扰乱敌军,散兵部队可以接近敌军以投射武器攻击之后再后退重新张弓或装弹以避开对方的反击。虽然分散接近就没办法同时射击造成敌军一时之间伤亡惨重而士气低落,但却能以蚕食方式消耗对方兵力或挑衅敌军前来追击,借此打乱敌军队形或将其诱离战圈。

成排射击

成排射击要在所有士兵进退有序、队形整齐而且能够差不多同时射击的情况下才能达成。后排的弓兵可以举弓从前排士兵的上方放箭,但使用弩和其他飞行轨迹比较平直的投射武器时就不能采用此法。

历史上已有多次记录显示如果队伍中同时有五六个人倒下,造成的心理冲击会大于几分钟之内陆续有二三十人倒下,因此成排射击可以破坏敌人队形达到游击无法达到的效果,即使敌方部队还不至于溃不成军,也足以破坏其攻势或是大大损耗其兵力,让对方无法抵抗己方其他部队的攻击。

长弓兵成排放箭

虽然弓兵可以也确实算是独立作战,但是成排射击的战术在战场上的成效更佳。一支军队很少等到最后一员也阵亡才战败,而是在士气大受打击的时候就溃败了,而成排射击对于士兵心理造成的打击比单独射击更为强猛。一批长弓兵同时放箭时只见黑压压的箭雨铺天罩下,接着队伍中就有数人瞬间一起倒下,即使加起来的人数其实没有一个一个陆续被射倒的那么多,但是造成的震撼力与对士气的打击却是陆续中箭倒地的情景所难比拟的

弓骑兵

弓骑兵的传统战术:每一纵队中排在最前的弓骑兵左手持弓进入射击距离,然后策马转向右方与敌阵前线平行之后放箭,接着策马离开原位骑到队伍后方让坐骑休息片刻;同时排在后面的弓骑兵也以同样模式攻击并移动,保持稳定的箭矢攻势。日后使用手枪的骑兵采取的类似战术称为"回转射击战术"

投射部队本身很难对战事产生决定性的影响,通常都以辅助其他兵种为主,而英国采用的弓兵与重骑兵联合作战可说是联合作战中最为杰出的典范之一,最常见的作战模式是由弓兵削弱对方战斗力,再由骑兵发动冲锋以震撼攻势击溃敌军。不过以箭雨消耗敌军的战法也可能取胜,在这样的情况下是以骑兵冲锋的阵势威胁敌军只能维持紧密队形,弓兵就能将聚拢的活靶射杀殆尽。

保护投射部队

很多投射武器在混战中完全无用武之地,即使有些可以在近距离投射,相较于持剑或其他类似武器的敌军还是居于劣势。在发明连发枪之前,投射部队攻击的速度都不可能赶上以手持武器攻击的速度,而需要空间才能挥甩或发射的武器在肉搏战中更是吃亏。因此投射部队的士兵必须携带防身武器以备不时之需,不然就只能尽量避免近距离交战。

理论上避开混战是个很好的选择,不过实际施行却会出现问题。投射部队通常不穿厚重铠甲,行动会比重步兵便捷,但他们可能会被制服或意外被擒,也可能遭到轻装步兵追击,即使没有被俘也可能被追得退出战场。

联合作战

重视联合作战的除了十字军之外还有塞尔柱突厥人,他们也会运用类似的战术以持长矛和盾的士兵保护后方弓兵。历史上多场战役中都曾出现相似的队形,拿破仑的步兵抵御骑兵所采用的队形也相差无几,只是前排士兵持刺刀而后排持枪射击。一直等到火枪进步到射击速度足够快,而不再需要矛尖组成的刺墙保护,这种战术才逐渐绝迹

骑兵移动的速度自然比步兵快上许多,多场战役中的重骑兵或轻骑兵负责的就是在敌军的投射部队造成己方损失惨重之前就抢先予以歼灭。为了躲避混战而逃跑也不能算是解决之道,所以部队统帅势必要想办法保护投射部队,其中一途就是将他们部署在敌军骑兵无法靠近的崎岖地形中,或至少利用天然地势作为掩蔽。

弓兵如果能躲在围栅、挡墙之后或站在较高处,在敌军靠近时就比较容易朝下射击。即使战况演变到需要近身肉搏,弓兵还是有机会利用所处位置之前的障碍物加以抵御,比如在近处安置尖头木桩以抵挡骑兵的攻势。不过弓兵如果以手持武器作战就完全无法发挥本身优势,因此这样的局面还是能避则避。

要保证投射部队可以发挥优势尽情射击,最有效的方法就是派出其他部队保护他们,可以特别交付一支步兵或下马作战的武装骑兵保护投射部队不让敌军靠近的任务;甚至可以运用其他战略,例如安排一支骑兵部队守在近处随时准备反击,可能就足以吓阻意图靠近的敌军,在这样的情况下这支部队可能从头到尾都不会实际参战,同时却能对战局发挥相当的影响力。

然而这样的任务虽然重大却无法赢得什么荣耀,所以不是所有部队都乐意担任保镖,比较没有纪律的部队甚至有可能中计前去追击敌军,反而置投射部队于险境。

因此要让投射部队在安全无虞的状况下发挥威力,最好的方法就是将部队安置在城堡或其他要塞之中,如此就能以城墙或其他障壁抵御敌军

投射部队在这幅描绘英法百年战争的插画中跃居主角,图中的盔甲画得相当精美

的直接攻击,甚至可以挡去部分箭弹,投射部队就能大显身手。反过来说,投射部队也能攻击在城墙之内或在障碍物另一侧难以接近的敌军,在派出步兵攻击的同时,投射部队也能持续以箭矢攻击对方。在多场战事和守城战中,能不能有效支持投射部队就成了克敌制胜的决定性因素。使用射击轨迹比较平直如弩和火枪等武器的部队只能以直射方式攻击,直射虽然可以增加贯穿铠甲的力道,但也有其他的限制,比如一次只有一横排士兵能够射击,因此火力上就有所局限。此外,使用这类武器的部队如果遇上城墙等障碍物或前方有友军队伍时,就无法像弓兵一样让射出的箭以弧形轨迹飞越前方;同理,面对敌军时也只能瞄准最前排的士兵。

反观弓兵射出的箭不仅能以很高的弧度飞出,数排弓兵也能同时放箭。因此集结大批弓兵同时攻击时,甚至能制造出黑压压的箭雨,光是这样

阿金库尔战役中成为俘虏的法国骑士被押离战场:弓兵能从俘虏身上得到的不多,因此多半希望直接解决他们

的景象和声响就足以让敌军心惊胆战。落下的箭矢对付骑兵也很有效,因为骑兵身上虽然有甲胄防护,但是从天而降的箭矢几乎可以直接将其坐骑刺伤或刺死。

由于射箭可以从上往下攻击,因此不一定要集中射击最前方的士兵,也可以瞄准后排的敌军。等到两军距离较近时,可以让箭以极高的弧线射出后落在敌军队伍之中,或是以平直轨迹飞向最前排的敌军,两种方式同样令人畏惧。整体而言,弓兵是中世纪的投射部队中威力最大、用途最广的兵种,弓箭到了后期会被火枪取代的主要原因不是科技进步,而是社会因素。进入火药时代之后历史上只有一场重要战役中有部队同时遭到弓箭和火枪的攻击,即1757年发生在印度的普拉西(Plassey)战役。根据记载当时敌军的箭矢在英军队伍中引起的骚动竟然超过火枪弹丸:因为面对敌军的火枪射击只会看到一阵闪光和烟雾、听到开枪的声音,然后发现自己没有中弹;箭矢却比较吓人,被瞄准的目标会看到箭脱弦而出朝自己飞来,在箭飞近时感到恐惧,即使最

后没有中箭也已饱受惊吓。箭矢的杀伤力在某种程度上似乎比枪弹更为鲜活。

同样的惊恐经历一再重演,最后士兵的战意终于被消耗殆尽。如果与阿金库尔相比,普拉西战役中的弓兵的数量和威力还远不及此役中的英国长弓兵,所以就不难想象弓兵部队的威望,尤其是英格兰长弓兵更是备受友军敬重而且令敌军闻之丧胆。

1415年的阿金库尔

英格兰军队于1415年再度登上欧洲大陆作战,这次是由英王亨利五世(Henry V,1387—1422)率领,在攻占阿夫勒尔(Harfleur)之后继续行进希望能在港口加来(Calais)过冬,然而全军途中却饱受痢疾所苦。英格兰军队只有750名骑士和武装骑兵加上大约5000名长弓兵,由法国宫廷总管查理·德阿尔布雷(Charles d'Albret,1415年卒)率领的法军有7000名武装骑兵和14000名左右的步兵,此外还有3000名弩兵和几门火炮。法军挡在英格兰军队以及当时由英格兰

控制的加来之间，只要保持不落败就能成功阻止英格兰军队前往冬季驻扎地，基于这个原因法军一开始打算采取守势。

亨利五世准备应战，其侧翼部队以树林作为掩护，手下的弓兵则和徒步作战的武装骑兵交错编制。为了抗衡法军骑兵在人数上的优势，英格兰军队弓兵还在作战位置之前摆上了削尖的木桩。一开始法军只守不攻，亨利自知胜算不大却迫于无奈采取攻势。英格兰军队缓慢前进，重新安置好木桩，然后开始朝法军射击。

唯一能够回击长弓兵攻击的法国弩兵出于某种原因被安排在队伍后方，法军统帅没有将弩兵调回前方，而是让部队开始前进，大批法军在树林阻碍下仍持续行进，刚好迎头碰上以命相搏的长弓兵的箭雨攻势，法军骑兵在几处成功冲到英格兰军队阵线与之交战，但是都被击退。

法军死伤逐渐惨重，后面的部队在行进时必须踩过死伤的同袍和已经被数百匹战马踏过的泥泞，双方在阵线几处陷入混战，局势一度告急，但英格兰军队最后还是顺利逼退法军。

最后法军虽然攻入几乎毫无防守的英军营地，但也遭到反击。法军中有一大部分兵力没有卷入战斗，但是伤亡人员极多且有多名指挥官阵亡，法军退兵，亨利五世顺利前往加来。

法国在阿金库尔战役中损失将近100名上层贵族和领主以及1500名以上的武装骑兵，另外还有200名被俘，但英格兰军队只折损了400人。阵亡人数会如此悬殊是因为英格兰军队可以由远距离攻击但法军却没办法这么做，如果英格兰军队的阵线被攻破，双方的伤亡数字可能会有很大的不同，不过英格兰军队以强大的箭雨攻势和防守阵线成功确保己方的胜利。

1415 年阿金库尔战役

法军（蓝）如果按照原订计划采取守势，阿金库尔战役的结果可能会是法胜英败。然而他们在泥泞不堪的地面和去路狭隘的情况下攻击集结的英格兰投射部队（红），即使骁勇善战而且也在近距离交战中小胜几场，其攻势还是被弓兵击溃，最后与英格兰军队的武装骑兵战到无力动弹为止

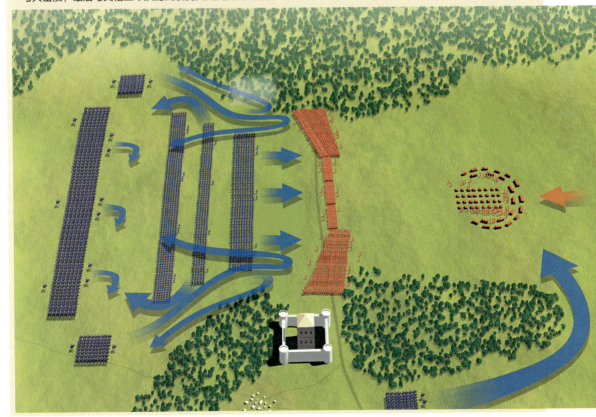

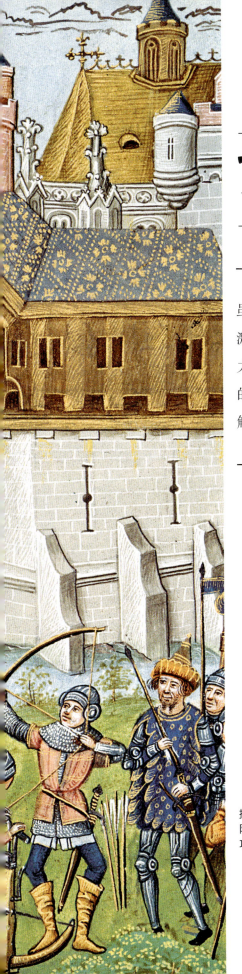

攻城武器与工兵部队

虽然战场上的激烈厮杀和比武盛会的壮观景象很容易激起无限想象,但在中世纪的世界,真正能够改变权力平衡的其实是城堡和要塞的攻防战,大部分关键性的战事都是为了前往被围的城堡解围、防止敌军前来解围,或者阻挡企图攻占筑有防御工事的城镇的敌军。

描绘 1378 年莫尔塔涅(Mortagne)围城战的 15 世纪插画,图中可见攻城部队一方面由原野上筑起的防御工事朝城内攻击,另一方面则驾船试图由水路攻城

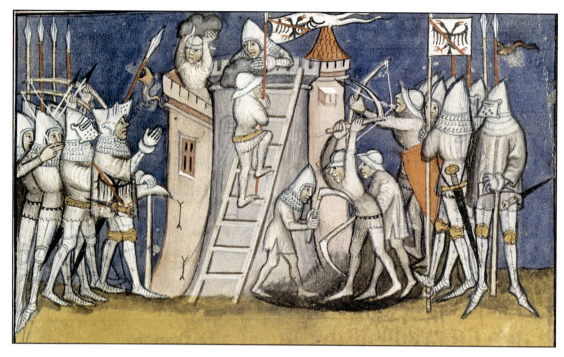

描绘 15 世纪早期的默伦（Melun）围城战，由图中可见围城战的三个阶段：与守军谈判、以云梯攻城以及挖掘地道

军队统帅在战败时可能需要议和，特别是遇到地位大受影响或是己方的重要人士被俘的情况，不过就当时政局的整体走向而言，大多数战役都可说是无疾而终，即使得胜者通常会把握时间在地方上劫掠或是占领城堡，但是中世纪的战争很少造成天下局势的重大变化。

因此也许可以说决定中世纪国家的命运的不是骑士、矛兵或弓兵，而是工兵、技师和炮兵。某方面来说这是事实，但是围城的士兵如果遭到战场上的部队攻击就没办法做好分内的工作，他需要其他的传统兵种提供保护。同理，如果城内守军不愿投降，也要有人前去攻城，而这样的差事通常是由步兵或徒步作战的骑兵负责，有时可能再加上投射部队从旁协助。

想要取得城堡要塞可以出其不意加以攻占、以诡计智取或者借助谈判取得，如果前述几种方法都行不通，就只剩下围城和进攻这两个选项。即使要塞固若金汤，碰上驻军防御不足或是有人从内打开城门还是难以守住，这种状况有时是因为内部有人叛变，也有时候是在敌军的突袭任务之下在意想不到的地方遭到突破，比如从连接便坑供倾倒排泄物的槽道爬了进来。

或者攻城的一方在突袭并爬上城墙之后也有可能在混战中伺机打开城门，而守城的一方就必须试着夺回城门的掌控权并且不惜任何代价关上城门，因此这也可能是要塞攻防战的胜败关键。

另一个办法是谈判：城堡守军的指挥官有可能被买通之后献城投降，不过更常见的是协议投降。根据当时的战争传统，领主有责任支持其藩属，如果领主无能或不愿解救被围困的臣民，那么守军也没有义务苦守到最后一刻，指挥官在绝望无援的情况下就可以投降，甚至必须投降。

围城传统

这种文明的围城传统是要确保即使城堡遭到围攻，城中的百姓也不会白白送命，但是攻城方如果必须在物资短缺的情况下围城并费力攻打，这种情况就很可能发生。谈判的方式通常是守军和围城部队协议，如果在某个日期和时间之前设定好的条件无法实现就献城投降，预设的条件通常是有强势兵力前来解围或是围城者被击败。

如果以上取城的方法都行不通，就只剩围城

奎里巴斯城堡

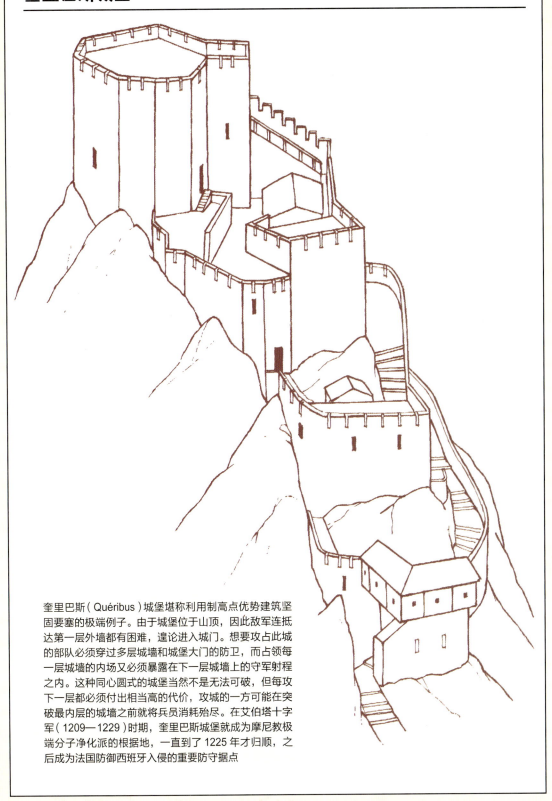

奎里巴斯（Quéribus）城堡堪称利用制高点优势建筑坚固要塞的极端例子。由于城堡位于山顶，因此敌军连抵达第一层外墙都有困难，遑论进入城门。想要攻占此城的部队必须穿过多层城墙和城堡大门的防卫，而占领每一层城墙的内场又必须暴露在下一层城墙上的守军射程之内。这种同心圆式的城堡当然不是无法可破，但每攻下一层都必须付出相当高的代价，攻城的一方可能在突破最内层的城墙之前就将兵员消耗殆尽。在艾伯塔十字军（1209—1229）时期，奎里巴斯城堡就成为摩尼教极端分子净化派的根据地，一直到了1225年才归顺，之后成为法国防御西班牙入侵的重要防守据点

15世纪末期的围城战中使用手炮或弓攻击的士兵,手炮虽然效果不佳,但操作方法比弓简易

一途。攻城的一方会将城堡团团围住,一方面避免有人逃跑,另一方面切断城中的补给,接下来就会开始进攻,或者兵力不足以攻城的部队就会坐等城中军民粮食耗尽之后投降。不过这样的持久战可能要打很长的一段时间,其间围城的一方必须在城堡或城镇外扎营,城内外的两方都可能面临疫病和粮食短缺的挑战;而且围城时间拖得越久,不仅越有可能出现解围的军队,也可能出现其他危机。

避免持久战最好的方法就是攻下城堡一劳永逸,或者想办法让城内军民觉得攻防战迫在眉睫而且要塞可能不保,再提出合理的议和条件诱使守军献城投降。这时如果能让攻城武器登场并且摆出备战姿态或者朝城墙步步进逼,都有可能发挥决定性的影响力。

要通过城墙只有从上、从下或从中穿过三条

奎里巴斯城

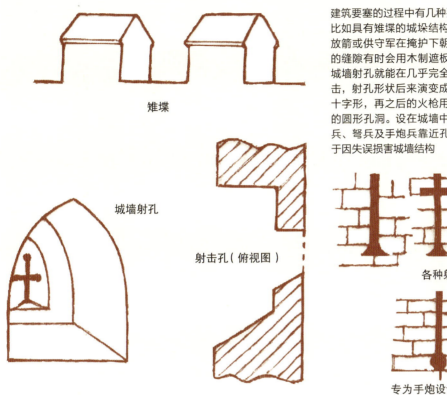

建筑要塞的过程中有几种要素逐渐标准化，比如具有雉堞的城垛结构可供弓兵朝墙外放箭或供守军在掩护下朝外窥探，雉堞间的缝隙有时会用木制遮板盖住。弓兵透过城墙射孔就能在几乎完全遮护的情况下射击，射孔形状后来演变成可供弩兵射击的十字形，再之后的火枪用射孔可能是更小的圆形孔洞。设在城墙中的射击孔可供弓兵、弩兵及手炮兵靠近孔口射击，却不至于因失误损害城墙结构

雉堞

城墙射孔

射击孔（俯视图）

各种射孔（外观图）

专为手炮设计的射孔

路可走。从上攻城需要用云梯或攻城塔，即使最不机警的守军也能立刻发觉；从下攻城也不是很好的选择，因为挖掘通往城中的地道很容易被发现，攻进去反而自投罗网。

这并不是说掘地道是不必要的围城技巧，掘地道其实不是用来通过城墙，而是挖入之后让城墙塌陷再以传统方式攻击。有两种方法可以由下方让城墙倒塌，一种是在地基处挖出地道让城墙结构松动之后崩塌，另一种是将地基附近的泥土都挖除让城墙倒塌。

利用攻城锤或投石机也能攻破城墙，或者到了后期可以使用火炮。攻城的一方如果摆出预备好的精良攻城武器，城内守军可能就会动摇而投降，如果对方依旧坚守要塞就只有让攻城武器发挥威力。轻型的火炮可以用来射杀或压制守军，而重型攻城武器就用来攻打城墙。守军可能也会以火炮还击，但是他们的武器如果不够精良，攻城的一方就能维持攻势不受影响。

还有一条通过城墙的路当然就是走城门，虽然城门通常守卫森严，但就算是最坚固的城门也不会比石墙难攻。随着防御工事逐渐发展，城门的防护也跃居优先地位，开始出现坚固的门楼和外堡之类的特殊结构，以特别保卫要塞中这块相对脆弱的区域。

不过正如现代的军事工程师所说，"没有经历过战火的屏障不算屏障"，换言之，即使是世界上最坚固的一堵墙，除非有人精心防守，否则攻击者只要有决心照样可以攻陷。防御工事也许可以抵御偶然起意的强盗或成群劫匪，但如果只是消极防守就绝对不可能永久挡住一心攻入的敌军。

中世纪的堡垒不保证安全无虞，只能增强守军的防御力。只要一小批守军借助城墙的防护就

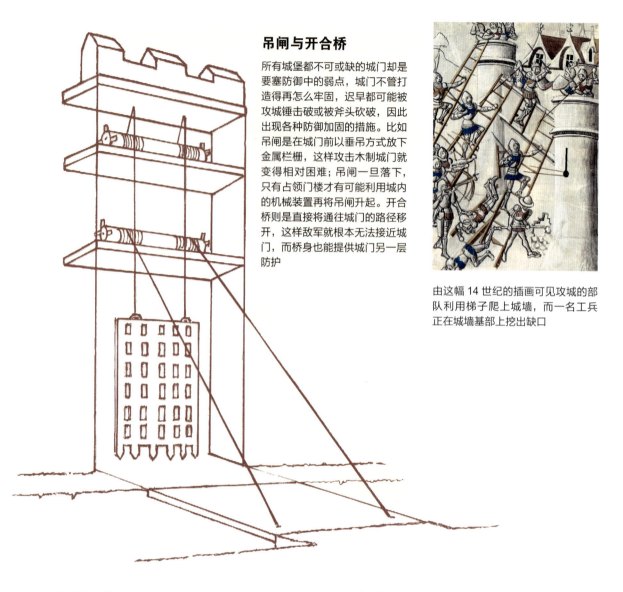

吊闸与开合桥

所有城堡都不可或缺的城门却是要塞防御中的弱点,城门不管打造得再怎么牢固,迟早都可能被攻城锤击破或被斧头砍破,因此出现各种防御加固的措施。比如吊闸是在城门前以垂吊方式放下金属栏栅,这样攻击木制城门就变得相对困难;吊闸一旦落下,只有占领门楼才有可能利用城内的机械装置再将吊闸升起。开合桥则是直接将通往城门的路径移开,这样敌军就根本无法接近城门,而桥身也能提供城门另一层防护

由这幅 14 世纪的插画可见攻城的部队利用梯子爬上城墙,而一名工兵正在城墙基部上挖出缺口

能对抗人数超出许多的敌军,而负责让这层防护失效的就是攻城技师、掘地工兵和火炮兵。攻城工兵部队的地位非常重要,但他们也只是中世纪战事中的一个环节:围城战中唯一不能直接表现的只有骑兵,不过他们还是可以下马进攻或者扮演解围部队的角色。

被围困在城中的骑兵就没有什么选择,他们偶尔会有机会骑马突围,不过多半必须徒步守卫城墙或门楼,如果围城战持续许久,马匹最后甚至可能沦落于锅中。

攻城或守城战中每个人都有自己的职守,不过如果没有专业工兵和技师几乎不可能取胜。

历史观点

人类自古以来就努力避免各式各样的威胁:遮风雨、挡野兽、防范他人,即使到了能够建造具有厚墙的建筑物,具有天然屏障的地点由于提供额外防护仍然备受青睐,而这些自然障壁也可以经过人为加工进一步构筑成防御工事。

要塞的三个基本要素是城墙、高度和障碍物,第三项不分天然或人工。城墙可以用土、石或木筑成,能够防御敌军入侵、抵挡投射武器以及防止敌军窥见要塞内部的情况。

高度对于守军而言是很重要的优势,他们可以由上往下射击或戳刺因距离而无法反击的敌军;位居制高点也有利于观察周遭的形势。

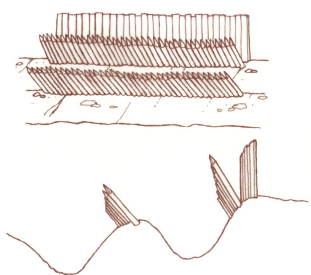

壕沟

在城墙前方挖出沟渠不仅能让城墙相对变高，也能迫使敌军落入壕沟之内必须从远处才能往回走，不仅可以延缓其攻势也能为守军争取更多射击的时间，如果是同心圆式的环沟或在沟内加摆木桩就更能加强扰敌功效。很少有敌军会真的直接冲撞木桩，但是避开木桩的同时攻势也会减缓。此外围栅也可以和壕沟垂直或悬于其上，就成了另一种让敌军不得不应付的障碍物

木造围板

围板结构是在城墙顶端搭起的平台，可以让以城墙墙脚为掩蔽的敌军无所遁形，守军可以从围板底部预留的孔洞朝下方的敌军射击甚至用倒沸水的方式扰乱想要在墙脚挖坑的工兵。大部分的围板都是临时搭建，不过也有些城堡上的围板是永久结构

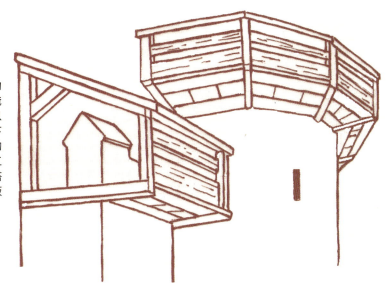

射击区域

无论是城墙、壕沟或任何建筑城堡的匠师设计出来的障碍物都不可能永远挡下企图进攻的有心者，因此匠师能做的就是利用"战斗力加成"一方面拦阻敌军拖延时间，另一方面也为守军争取更多攻击敌军的机会。因此守军不管在要塞中任何一个位置都要能够清楚看见敌军并射击，而各个塔楼和岗哨等位置的射击区域必须有部分重叠，这样守军才能在敌军攻击附近城墙上的守军时以攻击支持。城堡外围如果有守军攻击不到的"死角"，可能会让敌军得以趁隙接近城墙或在不受阻碍的情况下顺利挖出坑道

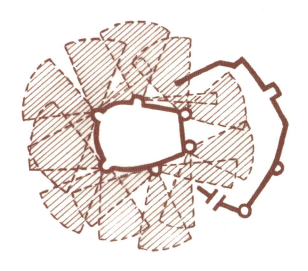

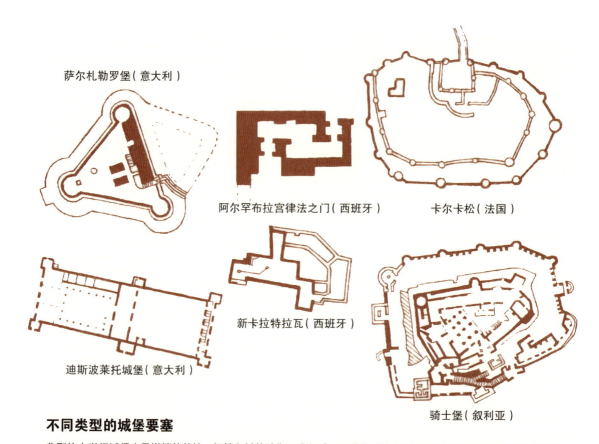

不同类型的城堡要塞

典型的中世纪城堡由具塔楼的外墙、门楼和其他防御工事组成，围绕在其中的城堡内场里有数座维持堡内生活所需的建筑物如马厩、打铁铺等，城堡主楼则是最后的庇护处，等同城堡内部的要塞，这种城堡和其他类型一样可以借助加盖同心圆式的城墙加固。有些地区流行将门楼与城堡主楼结合，也就是城堡主楼不置于城墙内侧，而是成为城墙的一部分，让堡主得以从要塞中最坚固的一处控管城堡的进出。有些要塞的结构相当复杂，城堡内场又再区分为外层与内层，城堡本身则以一座要塞为中心，而这种要塞结构的门楼规模通常等同于较小型要塞的主楼

　　障碍物如壕沟或护城河可以增加攻城的难度，壕沟或护城河即使干涸也能防止攻城锤或攻城塔接近城墙，同时可以让城墙的高度相对增加，敌军试着利用云梯爬过壕沟时就成了城内弓兵最好的标靶，而越过注满水的护城河的难度就更高了。

　　即使是资源相对较少者也能建造具有厚墙且出入口少的房屋供防御之用，在战乱频仍的地区就有很多这类加筑防御工事的农舍或加固屋宅，是由当地的小贵族或富裕的地主所建。这类私人要塞的建法几百年来都没有什么改变，但是中世纪建造城堡的工艺技术却在贵族和领主的雄厚资金支持下突飞猛进。

　　早期的要塞由土垒和内场构成，也就是在土丘上搭建坚固的木造建筑，周围通常挖出沟渠让建筑的高度相对提升，在附属的村庄外围多半设有与土垒和要塞内场相连的木桩栅栏。

　　木造的要塞结构慢慢地被筑法更为繁复的石砌结构所取代，地基稳固的厚石墙也比简单的木桩栅栏更加牢靠，石墙不易着火也不会轻易被斧刀劈断，要捣毁绝非易事。随着攻城技术持续进步，要塞结构也渐趋坚固繁复。基本形式原是以外墙防卫的城堡主楼，城墙上慢慢出现塔楼让守军可以从城墙往外射击，而城门处也多加了守卫用的门楼和外堡，城墙本身也以更为复杂的扶壁结构加固；此外城墙和塔楼也开始设计成可以抵挡投射武器的造型。

　　建筑技术演进到后来便发展出同心圆式的城堡，让攻城的一方突破一层防线之后就立刻暴露

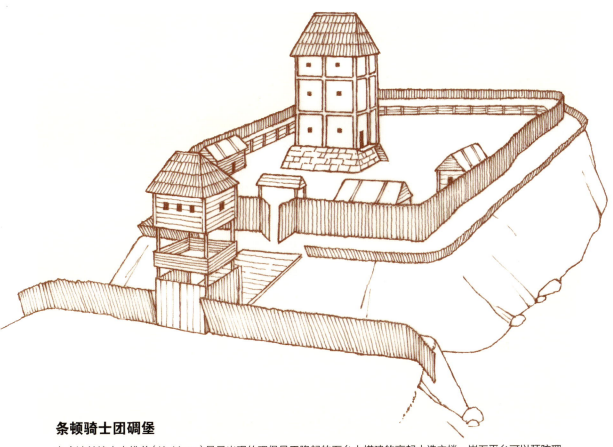

条顿骑士团碉堡

在今波兰境内克维曾（Kwidzyn）最早出现的碉堡是于隆起的石台上搭建的高起木造主楼，岩石平台可以预防碉堡基部遭到攻击，平台上方的区域全部以木桩栅栏围起，在主要的栅栏外围还立有一圈辅助用木栅，其角度陡斜，可以阻碍敌人爬上石台，平时进出都需经过由另一堵堡墙和木造门楼保卫的狭窄木桥。利用天然障壁打造出的要塞极为坚固，即使外围的门楼被攻下，守军也可以退到主堡墙之内，最后还可退守碉堡主楼

在下一层防线守军的射程之内。城门则各自具备相应的防御工事，多半会在外层城门和内层城门之间预留一段杀戮区，攻城方在突破外层城门攻入之后又必须重新展开攻势。

实际上没有任何要塞是攻不破的，但是只要建造得法，守城的一方就可以在每一阶段的防守中都重创攻城部队，这表示要进入这座城堡就必须付出极高的代价。想要成功攻陷就必须动员一定数量的弓兵、步兵和攻城工兵部队，否则可能攻打到一半还来不及占领城堡就兵力不足。只要用上这种人数游戏，有些城堡可说是牢不可破，因为没有一方势力负担得起攻城的人力成本，清楚这点之后通常就没有人会企图攻城了。

除了利用云梯或攻城塔爬上城墙和撞破城门之外，攻城方也可以选择撞破城墙，不过要用攻城锤将城墙撞出洞并非易事，如果只用大型投石机会更加困难，因为投出的石头在击中墙面时的力道主要是往下而非直冲墙面。发明火炮之后一切就改观了，射出的重型炮弹以平直轨迹直接撞上城墙，不仅几乎所有火力都集中在墙面，也能移动到更适合攻击城墙局部的位置。大炮问世之后终于首度派上用场，原先可以抵挡投石机攻击的城墙常常在短时间之内就被击垮。

现在英文里仍以"battery"作为炮兵连或炮兵中队的单位，就是源自火炮最早用来batter（"击破"）城墙的用途。到了中世纪末期由于制作大炮的技术持续进步，传统形式的城堡渐趋稀少，取而代之的是新式设计的要塞。

工兵或掘地工兵

工兵或挖地工兵与其说是士兵，不如说是工人，他们主要负责的是挖土或搬运石块而非战斗。仔细来说，工兵在地上工作而掘地工兵在地下工作，由于都必须在很靠近敌军的位置进行，而敌军也会千方百计阻挠他们，因此工兵和掘地工兵的工作也就具有相当的危险性。

担任工兵虽然危险，但这个兵种通常还是不受当时的军队统帅重视。他们要做的就是听命在某处挖一个大洞，或是聚在一起用力压杠杆将巨石朝城墙投出去，不需要什么高明的技巧或是训练，因此领主和将帅也不会想在他们身上投资时间或金钱，认为工兵是很容易就能替换的兵种。

因此一般的工兵通常是编入工兵队伍的农民，一开始几乎没有武器装备，除了工具什么都没有分配到，连工具有时都是前去补位时直接从地上捡起先前阵亡的工兵所抛下的来用。

此幅14世纪插画描绘守军投下石块和倾倒热烫液体攻击，而攻城方使用十字镐的工兵以具有轮子的活动掩体作为掩蔽

挖掘地道

挖掘地道虽然十分费力而且有崩塌的危险，但是攻城方可以利用此法打破守军防线甚至进而攻陷城堡。攻城方挖掘地道时要尽可能秘密进行，而守军方可以在墙内的地面放置盛水的容器观察水面波动来侦测敌军是否正在挖地道，甚至可以借助此法预知地道位置，而且准确度高得惊人

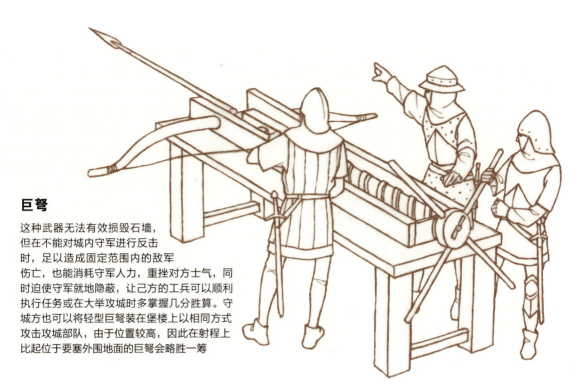

巨弩

这种武器无法有效损毁石墙，但在不能对城内守军进行反击时，足以造成固定范围内的敌军伤亡，也能消耗守军人力，重挫对方士气，同时迫使守军就地隐蔽，让己方的工兵可以顺利执行任务或在大举攻城时多掌握几分胜算。守城方也可以将轻型巨弩装在堡楼上以相同方式攻击攻城部队，由于位置较高，因此在射程上比起位于要塞外围地面的巨弩会略胜一筹

工兵在战事中的贡献慢慢获得更多肯定，其地位也逐渐提升，后来发展出经过专门训练的工兵部队和类似兵种。

掘地工兵必须挖出可以维持数天不塌陷的地下通道，因此他们必须具备比一般工兵更精湛的技术。挖掘地道的进展缓慢，而且要时刻提防地道崩塌，想要在没有意外发生的状况下挖掘到正确的预定地点就需要具备专业技能，由精明的负责人坐镇指挥。虽然实际的挖掘工作是由专业工兵或征召来的民兵完成的，但是挖掘地道确实是重要的任务，其过程中至少有一部分人员的功劳是很值得尊敬的。

一般的工兵或掘地工兵通常只是工人，多半营养不良而且装备简陋，可能会携带防身武器但也只限于不会妨碍在地道中行动的刀或匕首。如果碰到需要战斗的场合，工兵就不得不使用掘地的工具或想办法撤离现场让装备更精良的部队来应付。

重力抛石机

利用杠杆原理的投石机，较短的臂杆上置有重物，快速落下时就能将短臂杆猛然往下拉，另一端载有较轻物体的较长臂杆就会升起，顺势将装在杯状容器或弹袋中的弹丸朝敌军的方向甩出。重力抛石机建造不易且发射速度慢，但是投射出的石弹能够将石墙击出大洞。而射击的准确度没有可依据的标准程序，完全要看工兵的个人技艺，这也是资深的攻城工兵深受贵族重视的原因之一

炮兵

在火药发明之前的大炮以石头或弩箭为弹丸,较轻型的炮可以用来攻击敌方士兵或压制要塞内的守军,但无法损害要塞本身的结构;较重型的炮虽然可以击穿石墙,不过缺点是制造及运送不易,有时候会由部队携带攻城器械或其中的重要零件到了攻城战现场再加以组装,也有部分攻城器是用当地可找到的原料拼凑而成的。在没有火药的时代,很少有部队会载运整台的攻城器械,大多利用当地材料现场自制,因此在荒瘠地区展开攻城也会变得格外棘手。

因此当时的炮兵不只要操作武器,还必须知道如何寻找适合的材料组装出要用的攻城器,可能需要在广阔地带四处搜寻制作重力抛石机臂杆的木材或是符合特殊需求的零件原料。如果用了比较劣等或有瑕疵的材料,攻城器械可能会因为无法承受多次发射造成的压力而坍塌,对于操作的炮兵和周围的士兵都会造成危险。

等到从乡间辛苦搜集完材料之后,炮兵还要组装出攻城器械,同样,在组装过程中如果失误也有可能闹出人命,所以在场的炮兵中至少要有一部分人员具备木工或系绳的专业技术或者是制作攻城器械的专家。

要投掷出去的弹丸可能极重,炮兵也要以人工方式将其推送至预定位置,这部分劳力密集的工作就能由没有受过训练也不具特别技术的工兵来完成,不过弹丸如果需要校正调整就必须由专精的兵员进行。投出的石块的大小和形状都有限制,有时必须具备一点石匠的技能才能将找来的石块加工成适合发射的石弹。

将投石器械组装完成并推至预定位置,石弹也准备好之后,就可以开始射击。准备启动器械的程序有时相当繁复,可能需要几个人一起拉动绞盘或以其他方式操作投石器械,而这几个人必须合作默契。此外射击时也必须选择对己方有利的目标,虽然城堡的范围很大,但是如果没有瞄准就朝着城堡乱投一通,最后很可能徒劳无功。最好能够朝着预先选定的位置连续射击才能达到效果,而炮兵部队全体或至少领队者就需要具备相当程度的技巧。

因此典型的炮兵部队其实是由专业人员、技师、有经验的工人加上不少没有经验专门贡献体力的工人组成的,而最后这类不具经验的兵员以及在野外搜索适合的石块和木材的工兵多半是在需要时从步兵借调而来的。

炮兵不太穿护甲而且顶多携带防身武器,理想的状况下他们会在敌军弓兵的射程之外操作投石器械且通常不需与敌军近身搏斗。不过守军有可能突围企图摧毁攻城器械或者偶有意料之外的突袭,因此炮兵部队还有时为了自卫还是必须战斗,这时就必须用手边仅有的防身武器或是临时以工具当武器应急。

由这幅 16 世纪的木刻版画可见 14 世纪的僧侣兼炼金术士贝托尔德·施瓦策(Berthold der Schwarze)制造火药的场景

火炮兵或射石炮兵

火炮、射石炮和类似的火药大炮无法就地取材之后制作,整组机件和所用的火药和炮弹通常都需要随军运送。虽然可以将当地找到的石块削制成适合的石弹,但是火药和炮本身都必须和攻城器械一起随军载运。使用火炮需要相当的技术,操作火炮发射的大部分步骤都很简单,即使有兵员伤亡也能临时调来任何一名士兵替代,但是要在完全不出意外的情况下顺利发射炮弹就需要具有经验的火炮兵在场指导。瞄准目标也需要技巧,如果是在近距离之内操作简单的射石炮朝着城墙直接发射,只要火药的用量适当就不会有太大的困难,但是火药太多可能导致炮身爆炸,太少又可能造成炮弹即使击中城墙也毫无冲击力可言。然而如果要将火炮瞄准特定目标或是从远距离射击,这时操作者就至少要具备一些实战习得的弹道学知识。

火炮兵和火药时代之前的炮兵前辈一样不太穿护甲,他们的主要任务是照顾好火炮并填充炮弹,而不是在战场上和敌军搏斗。不过为防止碰上己方部队来不及前来救援的状况,他们还是会携带剑或匕首等防身武器,以备不时之需。

攻城工兵

进行攻城战需要专门技术,而专业的攻城工兵对于战事成败有着举足轻重的影响力。战争中通常所有兵种都由部队统帅或国王全权指挥,但在进行攻城战时多半会指派过去具有实战经验或吸取他人经验因此对于攻城行动有所了解者担任指挥官。

攻城战指挥官通常为贵族,一般会由曾有类似指挥经验或参与类似战事者担任,而其麾下会有数名熟悉攻城战不同层面的随员,不过现代军事术语中没有正规职衔可以指称这类攻城团队的成员。

勃艮第战争中使用的火炮

15世纪的战争中各方在攻城和对阵时使用火药武器的比例逐渐提升,早期较原始的火炮在战场上几乎没有什么用处,因此慢慢出现装载轻型火器的两轮推车。到了15世纪晚期即使在战场上摆出为数不少的火炮,发挥的效用依旧相当有限。1476年的格朗松(Grandson)战役中,勃艮第公爵"大胆查理"(Charles the Bold)这方以火炮向对阵的瑞士军射击许久,当时动用的火炮数目虽已无法确知但为数甚多,然而勃艮第公爵的部队遭到增援的瑞士部队猛攻,最后损失了将近400门火炮。此役中瑞士军只有几百人伤亡,由此可见这批火炮的效果确实不佳

攻城武器与工兵部队　179

描绘 1453 年奥斯曼土耳其军在穆罕默德二世（Mehmed Ⅱ）的命令下围攻君士坦丁堡的同时代版画，土耳其军的攻城行动与之后的攻击全部告捷

这群成员包括火炮兵首领、掘地工兵首领等等,他们以本身是专业技术者最为理想,不过大多数情况下只能找来当时各兵种中表现最好的几员。如果指挥官和其随员缺乏实战经验,那么战斗中可能会做出错误决策,即使最后得胜也可能消耗不必要的时间和金钱成本。

这些专业的攻城工兵可能亲自指挥攻城行动,或者依赖有经验的部属采取实际行动。火炮兵首领一般负责部署炮兵队伍并指挥部下建造投石器械,但实际朝城墙射击的细节则由火炮兵队队长或投石兵队队长来负责。同理,掘地工兵首领负责决定地道位置并在挖掘过程中给予提点,但是不太可能亲自动铲掘地,不过他有可能会进入地道确认进度或在出现困难时前往处理。

这些领头的火炮兵或掘地工兵和有经验的部属多为平民,但可能需要通过派驻在部队中挂名指挥的骑士或领主与指挥全军的贵族将帅一起合作。不过英明的国王和贵族深知攻城工兵团队之间密切合作的重要性,因此对于攻城工兵也极为重视。

所以带头的攻城工兵通常是备受敬重的专家,在战斗中也会尽量避开不必要的风险,他们可能会携带防身武器但绝非惯于战斗的士兵。他们的部属可能需要负责风险较高如挖土或挖掘地道的行动,在进行任务时有可能会穿着铠甲护身。

1203—1204年的加亚尔城堡

位于法国北部的加亚尔城堡由英国掌控,这座同心式的要塞不仅本身固若金汤,两侧更以河流作为屏障,由其他侧攻击也非易事,再加上城堡位居高处且周围环绕壕沟和木桩栅栏,如果要攻城,第一步就必须排除万难靠近城墙。

城堡分为三区,每一区都有各自的塔楼守护,而后一区的塔楼又高于前一区,因此攻城者即使成功攻进前一区,也会立刻遭到后一区守军的箭雨攻击,同时因为眼前另一组坚固难攻的防御设施而士气受挫。城堡最内层以幽深壕沟防护,出入皆需经过一座天然石桥。

历代法国国王都想要将英格兰势力赶出诺曼底,法王腓力二世也不例外,而这么做所需的河

雄踞塞纳河与马恩河交汇口的加亚尔(Gaillard)城堡,图中可见其壮观的同心式防御构造

1203—1204 年加亚尔城堡攻城战

加亚尔城堡攻城战以酝酿许久的准备期拉开序幕,在相对短时间的连续攻势中落幕。法军在每一层城墙都运用了不同的攻城战术,先是攀爬,再用计策,最后以挖掘地道的方式攻破最后一道城墙。城内驻军由于已善尽守城义务,最后向法军光荣投降

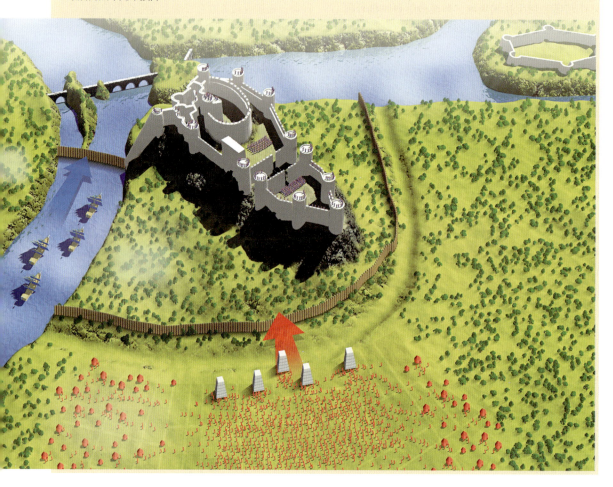

口却属于加亚尔城堡的控制范围。要攻占加亚尔城堡是极为艰巨的任务,但是要在诺曼底打败英格兰军队唯有一战。

腓力二世首先攻占附近较弱的要塞,孤立加亚尔城堡,等到确定不会有援军前来干扰之后,就开始准备围攻加亚尔城堡。腓力知道这会是一场持久战,因此希望采取步步为营、稳扎稳打的战法,攻城的第一阶段是搭建具有防御工事的营地,同时让士兵住进木屋,如此就不至于因为寒风和恶劣天候而减损士气。

法军团团围住城堡之后,腓力派出部队填满壕沟同时破坏山丘周围的木桩栅栏,法军在没有什么意外或英军阻碍的情况下完成了任务。由于英国守军看到法军即将攻城,就毁去原先跨越河面的桥梁,因此法军在河面上部署整列船只形成船桥。法军先是击退试图突围但步调混乱的英军,接着建造投石、投箭弹器械和巨弩开始朝城堡和守军发射。城内放出了一批没有作战能力的居民,原来是守军为了节省粮食,将他们逐出城外,但是法军拒绝让他们通过,这群可怜的居民只能留在城墙和法军阵线之间的无土地带空着肚子等死,而箭弹就这样飞过他们头上。

法军到了 1203 年底到 1204 年初之间的冬季仍未放弃围城,英国的约翰王虽然派兵突袭周围

法王腓力二世与英王理查一世出席盛大典礼，准备共同率领十字军远征，此幅插画由当时的画家绘成

乡村，想逼退围城的法军，但对于救援并不积极，而法王腓力很明智地放弃任何与英格兰军队对决的机会，而是专注于眼前的正事：攻陷加亚尔城堡，取得进入诺曼底的河口的控制权。

法军以攀登方式攻下最外层的城墙，但这次却因为云梯过短而出现不同平常的状况，一些积极的士兵在石墙上挖凿出可以踩踏的地方，最后终于攻上城墙。守军虽然顽强抵抗但却无法驱走法军，攻上城墙的法军同时已逐渐扩大据以立足的区域并接应更多同伴上墙。

英格兰军队接着退守第二层城墙之内，迫使法军重新攻城，但这次不仅攻城器械无法派上用场，外墙阻隔又更加不利于全军攻城。不料一群法国步兵竟然从连接厕所的滑槽爬进了城内的小礼拜堂，他们在里面放火让守军分神，造成混乱，然后趁乱抢攻其中一座城门后打开，在英格兰军队赶来之前放进一批人数足以攻下城堡的法军。英格兰军队不得不放弃还冒着烟的废墟退到第三层城墙之内，最内层的防御工事不仅极为坚固，而且与外围唯一的通道就是石桥，法军根本无法由此进攻。城墙周围几乎没有可以放置梯子的地方，因此法军也不可能攀爬攻城，而有了壕沟的防护，攻城器械也毫无用武之地。

法军的应对之策是挖掘一条穿过壕沟下方到城墙之下的短地道，而且讽刺的是在挖掘时还利用石桥作为掩蔽。内层的城墙最后在1204年3月被攻破，英格兰军队这时已经无路可退，这场攻城战宣告落幕，总共历时八个月。

根据当时的习惯，双方部队都尽了战士的义务，英格兰军队方面在每一阶段都竭力抵抗，如果没有最后一次攻击也不至于落败。英格兰军队如果觉得有机会打败法军，他们可能会战到最后一刻，然而一旦法军成功攻陷城堡，英格兰军队可能全数遭到屠杀。

城内英格兰军队当时已经无力回天，就算真的能够击退来袭的法军也无济于事，因为腓力二

由下往上观看加亚尔城堡城墙；即使没有守军的猛烈反抗，要爬上如此巍峨的城墙仍然是极为艰巨的考验

世只需要再招来更多兵力继续攻打到英格兰军队无力抵挡为止，而且守军其实也不可能胜过法军。作战到最后同归于尽的选择也不怎么吸引人，不仅没有任何益处甚至完全没有必要，顶多让法国多损失几十名步兵。因此守城的英格兰军队做了明智的选择，他们向法军投降。此举也为法王腓力进军诺曼底铺路，之后英法两方经历短暂战事，法军终于成功将大部分的英格兰军队势力逐出欧陆领土。英格兰当时在位的理查一世在外征战故由其弟约翰王代为摄政，约翰王的声望由于丢失数座城堡和不少领土遭到不小的打击，而这次军事上的失败也可能是英格兰贵族决定挑战约翰王权威的因素之一，约翰王最后被迫签署了《大宪章》。

15世纪晚期的攻城炮兵部队,部队中以马车载运的装备及补给在围城战中具有重要战略地位

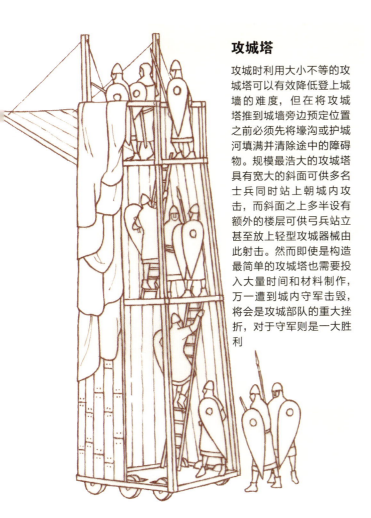

攻城塔

攻城时利用大小不等的攻城塔可以有效降低登上城墙的难度,但在将攻城塔推到城墙旁边预定位置之前必须先将壕沟或护城河填满并清除途中的障碍物。规模最浩大的攻城塔具有宽大的斜面可供多名士兵同时站上朝城内攻击,而斜面之上多半设有额外的楼层可供弓兵站立甚至放上轻型攻城器械由此射击。然而即使是构造最简单的攻城塔也需要投入大量时间和材料制作,万一遭到城内守军击毁,将会是攻城部队的重大挫折,对于守军则是一大胜利

法军花了八个月的时间攻克加亚尔城堡,其中前七个月都是酝酿期,等到一切就绪之后,从攀爬攻占第一层城墙到最后英格兰军队投降不过才一个月,然而最后阶段的成功却有很大部分仰赖前几月的准备工作。

对于企图控制诺曼底的法国而言,拿下加亚尔城堡是极为关键的一步,而历史的走向就在此处确定。腓力二世在此役中做了正确的抉择,他没有和英格兰军队对战而是专心攻城,不过就长远来看,即使对战可能也不会影响最终的结果。

武器、战术与技巧

要塞攻防是中世纪战事的关键要素,由于发生频繁因此相关数据也极为丰富。当时有一些固定使用的标准战术与战略,稍具能力的守军皆会按照特定步骤守城,以免要塞沦为明显可放弃的据点,因此除非城内守军是在意想不到的状况下遭到攻击,否则攻城战通常都遵循固定的模式。

攻城武器与工兵部队

圣哲罗姆所译之拉丁文《武加大圣经》的15世纪早期版本中的插画，描绘了古时巴比伦国王尼布甲尼撒二世（Nebuchadnezzar Ⅱ）围攻耶路撒冷的情景

围城

假设无法出其不意攻下要塞，那么攻占要塞的第一阶段就是围城，将城堡或其他要塞围住可以断绝内外交通和粮食供应。不过实际上很难完全阻隔，很多被围困的城堡不仅可以接收信息，偶尔还可以招待访客。

攻城的一方会尽可能在目标四周围成完整的一圈，但如此部署会将兵力分散，可能顶多是在目标周围设置一圈岗哨，如果看到试图突围或从外救援的敌方部队再由己方的主力部队前来迎战。对于邻近港口的城堡可能会以船只隔绝水路，陆路则派兵看守，围城几乎不可能做到滴水不漏，但是全力一试仍然很值得。先不考虑其他因素，守军如果完全无法得知外面的状况，可能会比较无心抵抗，但他们一旦得知援军已经上路就可能更坚决地继续顽抗。守军冲出要塞可能有很多理由，也许是看准围城军队战斗力不强，或是真的被逼急了，宁愿冲出城与围城军队决一死战以求突围。无论如何，一旦城内守军发动攻击，就会让局势转为严峻，而守军如果发动攻击，通常是为了达到特定目的而突袭。

发动突袭多半是为了伤害敌军，挫其士气同时激励己方士兵，也可能是为了破坏敌方的攻城器械或者抢夺粮草物资。守军出城攻击可能意在掩护出外劫掠的部队出城或回城，或者试图损毁敌军的物资供给。

如何进出城堡当然也是个问题，这也是攻击过程中最危险的时刻。部队如果距离城门很远就能在开阔的野地上作战，稍后再回头攻击围城军队；但是部队如果被围堵在城墙或关闭的城门周围,或者围城军队趁着城门开启让守军退入时趁机攻进城门,那么城堡就岌岌可危了。

因此守军发动攻击,对于围城军队而言既是威胁也是可以善加利用的良机,而围城军队每天的重要工作就是封锁目标要塞的所有出口。攻城方有时也需要构筑防御工事以抵抗守军的攻击,针对要塞守军所建的防御工事就称为"围城工事"。

此外攻城方也可以筑起朝向外围的"对垒工事",目的就在于抵御前来解围的敌方部队的攻势,同时也有助于阻截堡内人员和外界互通信息或出外劫掠物资。

围城者人恒围之

攻城部队遭到敌方前来解围的军力围攻的情况并不少见,甚至有可能反过来成为被围困的目标。1289年开打的阿卡城围城战中,城内的伊斯兰教守军虽然遭到十字军围攻,但他们自信可以

描绘1291年十字军攻占阿卡城的14世纪插画,图中可见守军祈求征服该城的骑士剑下留情

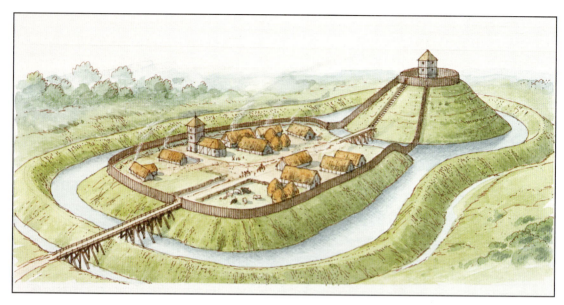

具有土垒和内场且周围有两道护城河的城堡。土垒可以构成额外的坚固障壁

叙利亚的骑士堡不仅是安全的避难所,也是十字军势力的重要象征

支撑到外部的援军前来解围,然而援军抵达之后由于无法击败围城的十字军,于是反过来将十字军团团围住。十字军就这样困在阿卡城和援军之间进退不得,将近两年之间被迫同时与前后夹攻的敌军交战,到最后城内驻军的防线溃散,十字军方才攻占阿卡城。

部队有时为了攻击也需要大兴土木,例如攻城方有时会堆筑法文中戏称为"恶邻"的土垒以便朝城内射击。不过建筑此类工事必须在射程之内完成才能发挥效用,因此也需承担相当的风险,但是建造完成之后攻城方反而能够取得高度上的优势,而守城方可依恃的许多防护设施也就失去效用了。堆筑土垒的工程浩大,因此只有在攻城战明显会持续很久时才值得投资,建造好之后不仅围城期间皆可由土垒以箭弹滋扰城内守军,也能在大举攻城时以箭弹掩护己方士兵。

攻城方一旦找好掩蔽并成功围住目标要塞就能积极展开攻城行动,虽然可以坐等城内守军粮食吃尽之后开门投降,但执行上却有困难。因为大部分的城堡内都会囤积至少可供应数个月的粮食物资,而且守城人数通常小于攻城部队,反而是攻城方比较需要为粮食消耗的问题而烦恼,不过至少短期之内攻城方可以借机到四周的乡野搜括补充物资。

疫病也是很严重的问题,住在临时营地中需面对的情况又比住在永久驻所更为严峻。如果没有提供适当的住所,攻城部队在风霜雨雪和寒冷气候的挑战之下可能比城内守军士气更为低落,然而即使有可能打造牢固的军营,也会是相当艰巨的工程。

是故即使没有援军前来解围,也没有其他势力趁隙攻击围城部队的大本营,冗长的围城战仍旧是一场让双方都吃尽苦头的硬仗。围城战比的是耐心,然而即使攻城的一方最后成功占领要塞,可能也必须付出与守城的一方同样大的代价,因此各方无不尽量避免这种不利的局面,只有在无计可施的情况下,才会选择以围城断粮的方式逼迫城内守军屈服。

在漫长的围城战中,攻城方为了取胜,可能会采取一些比较低劣的手段,包括用投石器械将俘虏的尸体或断肢残躯投入城中,以重挫守军的士气,或者将患病的动物投进城中试图让城内守军感染疫病。战事越到后期,双方在急于结束战事的情况下就越容易采取这种做法。

有时守军为了节省粮食或维持城内治安,会强迫城内的平民离开城堡。这些可怜的老百姓如果运气好碰上围城部队允许他们通过,虽然流落乡野但还有机会生存,最常见的是出城后却无法离开,只能困在城堡和围城阵线之间饿着肚子等死。

谈判、阴谋与战略

围城战损人不利己已经是常识,成功攻占城堡之后军队也可能失控,这绝对是任何一方都不乐见的事,因此各方多半喜欢以谈判的方式决定城堡归属权,而当时也认为谈判是正常做法。

在不会有援军前来的情况下,守军指挥官就

束柴

束柴是指以锁链或捆索绑住的整捆树枝,可以携至壕沟边缘之后推落到底,很快就能将壕沟的一部分填满。由于束柴承受重压时会散开,因此攻城部队多半会在束柴堆上方铺置走道,或在时间许可之下铲土填满树枝之间的空隙铺出比较耐用的通道。填起的通道坚固度十分重要,因为攻城塔和其他攻城器械都必须经由束柴堆起的通道运到壕沟另一侧,这些重型器械在运送途中如果过度歪斜很有可能倒落在壕沟里

有权决定投降而且不算是有愧职守,这主要是依循当时的领主与封臣之间的社会规范:如果拥有该城的国王或领主没有能力或是不愿出兵解围,那么封臣也没有义务为了领主牺牲性命。

然而城堡的指挥官不太可能向比自己弱的部队投降,因此献城投降的时间点也是可以协商的。如果双方能够达成协议,那么条件的丰厚程度就取决于攻陷城堡的难度;居于弱势的守军只要能够全身而退就算是非常幸运,但是能够重挫围城部队或坚持数个月不败的守军在谈判时自然能够争取比较有利的条件。

无论如何,谈判结果通常是守军承诺如果等到某一日的某个时间还没有强大的兵力前来支援,就向围城的一方投降。这样的协议不能等闲视之,事关谈判双方的荣誉;而且即使不顾失信于人会有损骑士荣誉,守军也必须考虑城破之后的存亡机会。如果守军指挥官承诺在某一日会投降,那么攻城部队其实就只需要保持围城的阵势,甚至不用再为之后的攻击行动做准备。

但是守军指挥官之后可能因为外在局势变化或收到最新情报,因此反悔不肯像先前协商的准时献城,那么攻城的一方就白白浪费了时间和粮草,也许在等待受降期间还因为疫病或逃兵等因素损失兵员,一旦攻陷城堡,对于城内军民可能就很难手下留情。

因此各方一般都很重视投降的协议,通常会视守城方和攻城方各自的能力决定合理的投降日期,让守军有一段时间可以等待救兵。到了议定的那一天如果没有援军,守军就会打开城门献出完好无损的城堡,离城时通常也得以携带武器并享有给予英勇战败者的礼遇。

虽然城堡原先的主人对于这样的协议未必满意,但是当时的惯例是领主有责任派兵解围,如果没有做到,对于最后的结果也不能有任何意见,毕竟守军指挥官只要觉得有可能挡住攻势还是会坚守要塞,不可能只看到对方派来一小撮象征性兵力前来围城就答应投降。各人对于协议投降的看法可能不一致,但是当时的习惯是谈判协商,除非守军指挥官只是面对少许兵力就怯于应战,否则没有人会认为他有愧职守。

当然其中也可能有阴谋在运作,最张狂的方

式莫过于守军指挥官收受贿赂之后献城投降,不过这么做通常会被视为叛国并遭到制裁。而叛国罪行比较常发生在较低的层级,可能是士兵受到引诱故意不关城门、泄露防守比较薄弱的位置、弃守逃亡,或者只是"没有注意到"敌军正鬼鬼祟祟地准备攻击。

同样也可能会有奸细冒充城内驻军或者更有可能装成百姓,他们可能会破坏物资、在井中下药或是企图暗杀守军中的重要人物,不过比较常做的是提供与防御设施有关的情报给围城部队或是提醒他们先前没有想到的入城方法。

不同时代里出现过各种计策与谋略,最基本的就是趁其不备半夜悄悄突袭,而非正式部署之后进攻,这种小规模攻击的目标通常会受限,可能是为了取得某一座城门的控制权并且在一段时间之内保持城门敞开让己方更多兵力进入。

比较高等的策略包括从没人注意或防守的地方进入城内,有时可能是从与厕所相连的槽道或是自然形成的水道往上爬进城内。不过大多数的策略仍旧针对城门,因为这里是进入城堡或要塞最快速也最容易的通道,如果没办法暗中靠近也可以试着骗过守军,有时候光明正大地接近目标会比蹑手蹑脚潜近更容易得手。

历史上记载的一条计策是如此奏效的:一群商人打扮的人载着整车货物要进城避难,推车的轮子竟然出了问题卡在城门口,就在这群"商人"努力想要解决问题把车子推进城里的时候,围城的部队火速进攻。等到守军起了疑心,攻城方已经在冲向城门的途中,发动突击的士兵抽出武器击退所有前来的守军并坚持到己方部队前来增援。

挖土与挖掘地道

如果事实证明使诈也无法攻下城门,那么可以试着在城墙上挖洞让城墙崩塌。有两种破坏城墙的方法都是在墙脚挖洞让城墙向洞内塌陷,一种是在地面挖土,另一种是挖掘通往城墙下方的

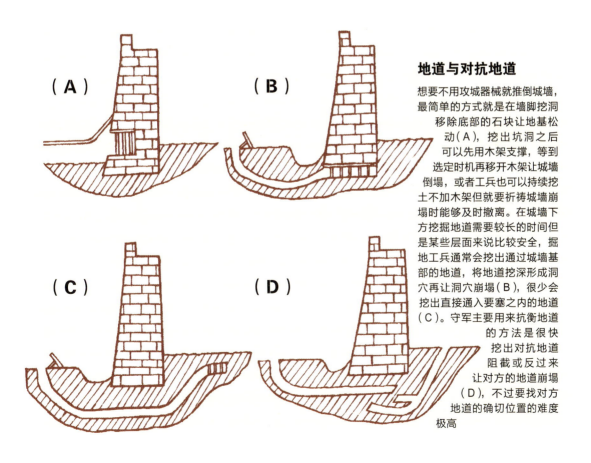

地道与对抗地道

想要不用攻城器械就推倒城墙,最简单的方式就是在墙脚挖洞移除底部的石块让地基松动(A),挖出坑洞之后可以先用木架支撑,等到选定时机再移开木架让城墙倒塌,或者工兵也可以持续挖土不加木架但就要祈祷城墙崩塌时能够及时撤离。在城墙下方挖掘地道需要较长的时间但是某些层面来说比较安全,掘地工兵通常会挖出通过城墙基部的地道,将地道挖深形成洞穴再让洞穴崩塌(B),很少会挖出直接通入要塞之内的地道(C)。守军主要用来抗衡地道的方法是很快挖出对抗地道阻截或反过来让对方的地道崩塌(D),不过要找对方地道的确切位置的难度极高

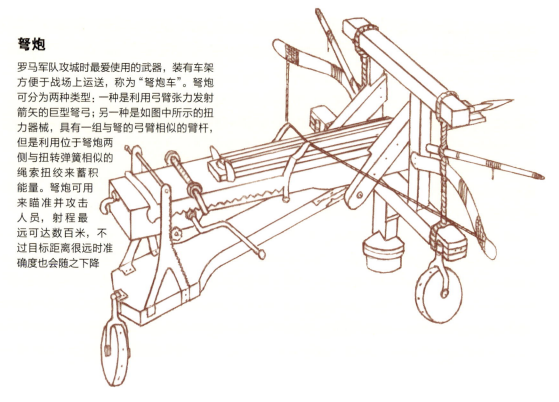

弩炮

罗马军队攻城时最爱使用的武器，装有车架方便于战场上运送，称为"弩炮车"。弩炮可分为两种类型：一种是利用弓臂张力发射箭矢的巨型弩弓；另一种是如图中所示的扭力器械，具有一组与弩的弓臂相似的臂杆，但是利用位于弩炮两侧与扭转弹簧相似的绳索扭绞来蓄积能量。弩炮可用来瞄准并攻击人员，射程最远可达数百米，不过目标距离很远时准确度也会随之下降

地道，可达到的成效很类似，都是让城墙的地基松动之后下陷倒塌。

挖掘地道相当费力，只有在长期的围城战中才能发挥效果，一般是以守军射程以外的某一点为起点朝着目标结构挖掘地下通道，攻城部队可以借助地道出入避开守军的箭弹攻击。最理想的状况是守军并不清楚地道的路线甚至完全不知道地道的存在，因此地道起点最好选在守军看不见的地方。

等到地道开凿到目标区域就可以开始在城墙结构下方挖洞并以木架支撑，持续挖掘扩大坑洞到移开木架就会坍塌的程度时就可以放火或用其他方式毁去木架，木架烧毁或损坏之后就难以支撑上方的重量，于是上方的城墙就会塌陷在坑洞中。守军如果侦测到敌方在挖掘地道，唯一可行的应对之策就是挖对抗地道，也就是挖掘一条可以阻截敌方地道或从其下方通过的地道。

各个要塞的守军也曾使用过不同方法抵御地道攻击，包括挖出通往敌军地道的通道与掘地工兵紧急展开近身搏斗，以及挖掘通往敌军位置下方的地道反过来让对方的地道在还未抵达目标之前崩塌。在中世纪后期也会使用火药炸毁地道或是松动其下的土层，这样攻城方要继续挖掘地道就必须承受更高的风险。

在墙脚挖洞的方法相对就显得更为快速且直接，英文中的"to sap"一词本来是指沿墙脚挖出沟坑以松动其地基，不过后来也可以指称任何以十字镐和撬杆破坏墙面或拆除石块的动作，随着时代演变日后也慢慢延伸有了不同的含义。

工兵在挖洞时需要承担相当的风险，不只要担心成为敌军攻击的活靶，即使顺利挖好坑洞也要提防城墙突然崩坍或是石块松动之后由上砸下。若以挖掘地道和挖洞相比，前者比较需要技巧，而挖洞几乎任何人都可以做，因此一般挖洞工兵即使伤亡也很容易找人替补。

火药发明之前的大炮

可以利用轻型大炮将弩箭或小石块投向守军，其射程超出守军所用的弓和弩，不过目标距离较远时比较不易瞄准。将大炮向前移虽然可以提升射击准确度，但是炮兵就有可能遭到敌方弓兵和炮兵的反击。

中世纪期间发明了多种攻城用弩弓，基本上皆属于放大版的铁弩再加上支架，而铁弩本身也

被归类为轻型攻城武器。这类弩弓射出的箭飞行轨迹平直，准确度高且杀伤力很强，射程远超过一般步兵用的弩弓。就当时大炮类武器的标准来看不算笨重，容易运送或在防守区域内到处移动，在部署重型武器需要掩护或其他时机也可以快速向前推动朝要塞的某个区域射击。

"弩炮"基本上也属于同样类型，不过体积更大，也是利用张有弓弦的梁臂蓄积能量，在释放时将形似标枪的大型箭弹投射出去。"架子弩"的运作原理相似，不过其弩臂是采用竖直式而非弓弓的十字形设计。

这些都是利用张力运作蓄积能量的"张力"器械，因此投射的箭弹有体积上限，而且不管怎么设计都不可能达到击破城墙的力道。不过用来对付士兵就很有效，所以这类武器的主要功能限于在攻城时支持部队行动或掩护其他攻城器械。攻破城墙必须采用威力更加强大的器械，有些较大型的器械是利用扭力原理以扭紧的绳索取代弩臂来蓄积能量，这类武器一般泛称投石机，不过也有比较精确的名称，比如最常见的"扭力"器械称为"石弩"或"扭力投石机"，两者都可用来指称多种类似的投石武器。

这类武器利用扭转的力量可将一堆小石块投射出去攻击士兵，也可以投出较大的石块击破城墙，或者用来将病死的马尸或火罐投掷到敌人阵地，不过不是最适合发射这类型特殊炮弹的器械。

扭力投石机的主要功能是击破城墙，其射出的弩箭飞行轨迹相对平直，能以比重力抛石机投出的石弹更接近垂直的角度击中城墙，再加上射击速度快，因此用来攻破城墙特别有效。

不过扭力投石机的准确度低，比较适合攻击静止的大型目标，而且很难保证可以连续射中同

石弩

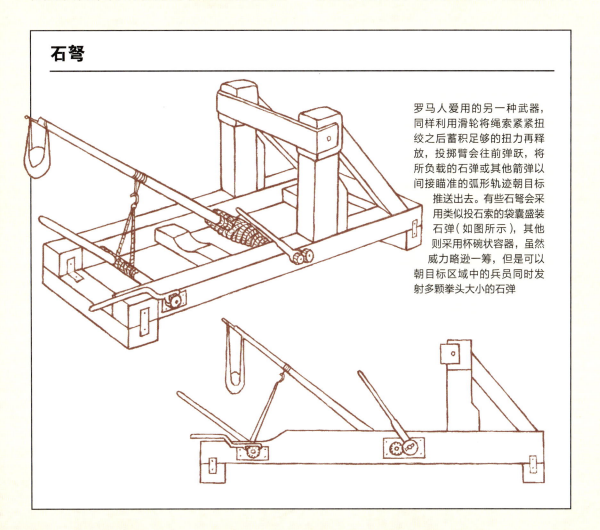

罗马人爱用的另一种武器，同样利用滑轮将绳索紧紧扭绞之后蓄积足够的扭力再释放，投掷臂会往前弹跃，将所负载的石弹或其他箭弹以间接瞄准的弧形轨迹朝目标推送出去。有些石弩会采用类似投石索的袋囊盛装石弹（如图所示），其他则采用杯碗状容器，虽然威力略逊一筹，但是可以朝目标区域中的兵员同时发射多颗拳头大小的石弹

重力抛石机

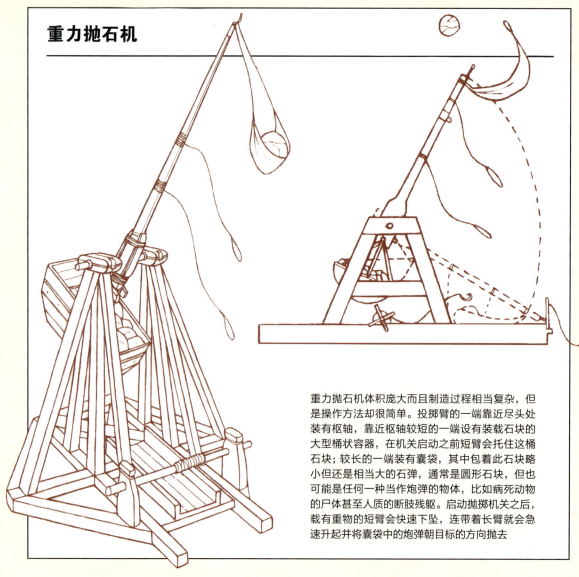

重力抛石机体积庞大而且制造过程相当复杂，但是操作方法却很简单。投掷臂的一端靠近尽头处装有枢轴，靠近枢轴较短的一端设有装载石块的大型桶状容器，在机关启动之前短臂会托住这桶石块；较长的一端装有囊袋，其中包着比石块略小但还是相当大的石弹，通常是圆形石块，但也可能是任何一种当作炮弹的物体，比如病死动物的尸体甚至人质的断肢残躯。启动抛掷机关之后，载有重物的短臂会快速下坠，连带着长臂就会急速升起并将囊袋中的炮弹朝目标的方向抛去

一位置，所以攻城部队必须一再发射直到达成预期的目标。

　　重力抛石机与一般投石机不同，其发射动力是重力而非扭力。抛石机有一根装有枢轴的长臂杆，置于较短一端的重物落下时，较长的一端就会快速弹跃升起，以相当快的速度将负载的石弹投射出去，所以所用木材如果不符合制造标准就很可能在使用途中发生危险。由于投出的石弹不是装在杯碗状的容器里，而是仿照类似投石索的设计，因此投射速度会再增加。抛石机会以高弧线将偏圆形的巨石或类似的重量级大型石弹抛射出去，因此可以朝城堡高墙内部攻击或是一击就在城墙上轰出大洞。就当时的标准而言抛石机的

准确度很高，不过石弹击中目标时通常是往下坠落而非直穿城墙，因此减损了不少力道。

　　建造抛石机属于重大工程，而且一定要找到适合的臂杆材料才能开工。如果能备齐材料，那么打造完成的重力抛石机本身就具有重要的象征意义，当时有一种说法是守军只要看到抛石机完工就知道围城战要结束了，因为防御设施在抛石机的攻势之下很快就会崩塌一空。具有如此威力的重力抛石机想当然也就成为荣耀的来源而且赢得各种称号，比如1291年阿卡城围城战中，理查一世部队所用的抛石机由于在十字军战役中扮演重要角色而被尊称为"神之投石机"。

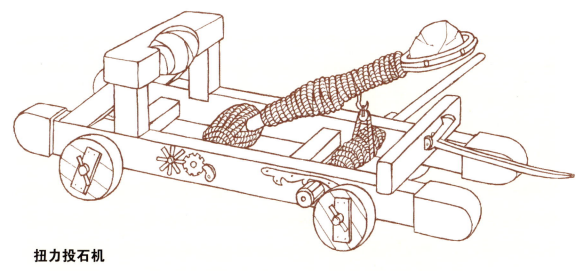

扭力投石机

"扭力投石机"和"石弩"这两种武器极为相似,因此中世纪的文献中时常交替使用这两个词语,通常以"扭力投石机"一词指称利用杯碗状容器而非囊袋盛载弹丸的石弩。这类武器攻击兵员时的威力极强,但是因为无法预估投出的一堆小石块会落在哪里,因此只能随机命中敌军。用来压制城墙上部分守军的火力的效果颇佳,或者在进攻城门时试图登上塔楼掌控扼制点的状况下运用也很有效

火药武器

最简单的火炮是外形粗短的射石炮,是将形似大钟的炮身装在结实的木架上,尺寸有的极大、有的较小,但即使是最小型的也不易搬动。攻城时威力最强大的射石炮也和重力抛石机一样可以带来荣耀并获得称号,最知名的当数现今安置于爱丁堡古堡的"蒙斯·梅格"(Mons Meg)。射石炮的炮弹通常是经过塑形的石球或金属球,飞行轨迹平直且射程很短,不过其力道足以在城墙上轰出一个大洞。操作射石炮的准备工作相当冗长,首先要选择适合的射击位置,而射石炮兵在操作过程中必须由其他兵种掩护以免遭到敌军攻击或以箭弹投射,但是等到射石炮就位之后传统城墙根本不堪一击。一直等到新型要塞出现,各地城镇才能免于射石炮的威胁。

由于射程短而且很难推动炮身瞄准,因此射石炮型的火炮在开阔的战场上难有用武之地。虽然理论上这类攻城用的武器应该也可以用来直接射击前方的敌军,不过实际上这类大炮到了战场上根本毫无用处。

排炮

排炮可谓机关枪最原始的形式,由单层或多层并排的小型炮管组成,有时因炮管与管风琴的琴管相似所以也称为"风琴炮"。多根炮管同时或连续快速发射时可以形成弹雨攻势,即使射程不长、准确度不高也足以致命。排炮可以四处移动,但是射击过后就有可能在敌方部队攻击之下毁损,胡斯派成员为了弥补这个缺点就将马车围成车阵之后再躲在阵内以排炮攻击

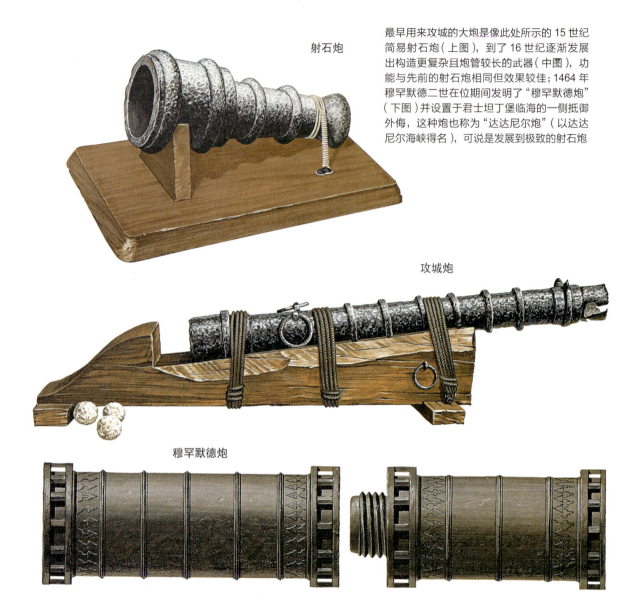

最早用来攻城的大炮是像此处所示的 15 世纪简易射石炮（上图），到了 16 世纪逐渐发展出构造更复杂且炮管较长的武器（中图），功能与先前的射石炮相同但效果较佳；1464 年穆罕默德二世在位期间发明了"穆罕默德炮"（下图）并设置于君士坦丁堡临海的一侧抵御外侮，这种炮也称为"达达尼尔炮"（以达达尼尔海峡得名），可说是发展到极致的射石炮

轻型火炮

轻型火炮在开放的战场上偶尔会有实用的时候，可以射出大型炮弹或称为"葡萄弹"的多颗小弹。早期的火炮因为相当笨重所以只能用于防守，一直要到多年之后才发展出方便快速移动符合战略需求的轻型火炮。

胡斯派的做法是将小型火炮装在马车上，在战役中如果采取攻势就不怎么实用，但是胡斯派的专长是采取守势而且时常将马车以锁链串起围成车阵，所以他们不用忙着瞄准，只要敌军进攻就等于自动找上炮口，因此火炮得以在防守阵地中发挥威力。

胡斯派和其他势力使用多炮管的"风琴炮"或"排炮"攻击敌方士兵，这类火炮实际上包括数种装在推车或平台上的轻型火炮或手炮，多根炮管可以同时开火，以加倍的火力弥补准确度不足和射程短的缺点。

攻城时也会在挖洞或破坏障碍物时利用火药进行爆炸攻击，"攻城炸药箱"就是专门为了这类用途而设计，这种装置基本上是一端有开口、内

攻城炮

攻城炮最基本的形式就是射石炮，差不多就是装在木台上的炮管，与先前的武器相比其优点在于以扁平的弧线射出炮弹，因此炮弹撞击的力道就能直贯城墙而非往下传到城墙基部，对于城墙的破坏力也就更强。由于这类大炮的射程短，因此在部署大炮时一定要顾及炮和炮兵的安危

射石炮

管状的射石炮的铸造方法与铸钟相似，铸成后的炮管再趁热套上加固用的铁圈锤打固定，等到降温之后铁圈就会收缩挤压炮口增加其强度。尽管如此，大炮有时候还是会爆炸，严重时甚至会让周围人员送命。由于炮管上的瑕疵不一定很明显，因此新铸成的炮首次射击的时候特别危险，不过即使是之前射击都没有出问题的炮也可能突然失灵。因此很多君主为了避免因为意外而损失专业的炮兵首领，甚至会禁止他们在部属操作时靠近大炮

攻城武器与工兵部队

1325—1350 年筑有城墙的法国埃夫勒（Évreux）遭到围攻，图中可见一群骑士攻击主城门，另一批骑士部署攻城器械准备攻击，城墙上已露出裂缝。出自《圣但尼编年史》

装火药的金属容器，置于要炸毁的门或其他障碍物附近并点燃，爆炸的冲力会将坚硬木柴之类的投射物以高速推向目标物将其轰穿，虽然射程很短但是产生的冲力很惊人。安置攻城炸药箱的任务十分危险，因为当时的火绳即使一开始就正确使用也不保证会正常引燃。

其他攻城设备

攻城时使用的部分设备构造极为简单但成效却相当好，比如铲子和十字镐这类基本工具，不管是在很有毅力或是被迫不停挖土的工兵手上都能发挥很好的效果。

"活动掩体"的体积相当大，需要数人合力才能推到定位，虽然使用起来不怎么光彩却是重要的攻城工具，可说是专供工兵和攻城器械在行动中格挡敌军箭弹的大型巨盾。由于活动掩体是静止的障蔽物，只能被动提供防护，在遭到敌方从其他方向攻击时无法快速转移。虽然使用上有所局限，不过对于攻城器械而言却是很实用的屏障，可以保护攻城工兵免于在操作器械时因敌军攻击而陆续伤亡。另一种保护距离敌方较近的人员和器械的方法是利用装满土的篮筐快速搭起防御土墙或胸墙，以此保护特定区域免遭敌军攻击。如果需要转移阵地就将土清空之后搬动篮筐，到

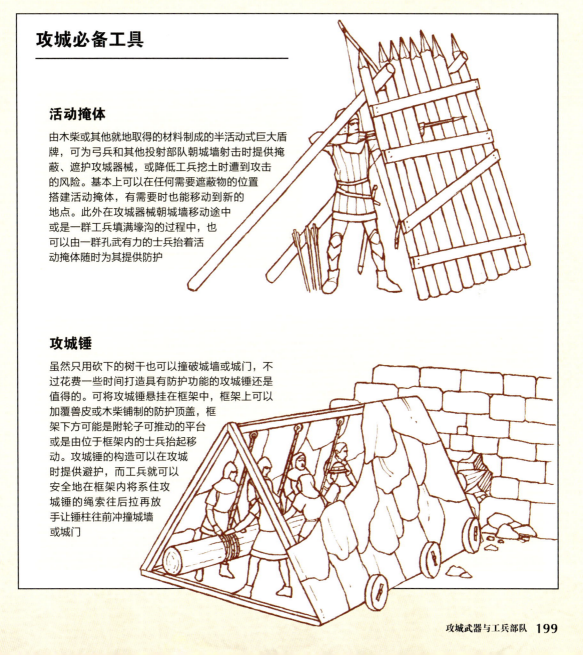

攻城必备工具

活动掩体

由木柴或其他就地取得的材料制成的半活动式巨大盾牌，可为弓兵和其他投射部队朝城墙射击时提供掩蔽、遮护攻城器械，或降低工兵挖土时遭到攻击的风险。基本上可以在任何需要遮蔽物的位置搭建活动掩体，有需要时也能移动到新的地点。此外在攻城器械朝城墙移动途中或是一群工兵填满壕沟的过程中，也可以由一群孔武有力的士兵抬着活动掩体随时为其提供防护

攻城锤

虽然只用砍下的树干也可以撞破城墙或城门，不过花费一些时间打造具有防护功能的攻城锤还是值得的。可将攻城锤悬挂在框架中，框架上可以加覆兽皮或木柴铺制的防护顶盖，框架下方可能是附轮子可推动的平台或是由位于框架内的士兵抬起移动。攻城锤的构造可以在攻城时提供掩护，而工兵就可以安全地在框架内将系住攻城锤的绳索往后拉再放手让锤柱往前冲撞城墙或城门

攻城武器与工兵部队　**199**

在护城河上搭桥

可利用堆栈束柴或填土的方式将护城河或壕沟填满,不过比较快的方法还是搭建活动桥,基本上是在坚固的木材上铺上板子当成走道,下方通常会加上轮子方便快速移动就位。其他变化可能包括在活动桥末端加上尖刺,以贯入壕沟另一侧壁面的土里而非搭在另一侧地面上的方式安放。安放活动桥的重点在于必须在极短的时间之内完成,因为守军一定会竭尽所能加以拦阻

了新的地点之后再重新填土,虽然过程中可能会有人员伤亡,但是挖土的工作总是可以很快找到人手替补,这样的工作通常是由地位最低的士兵,如受尽剥削的农民兵,甚至被强押从军的当地百姓来负责。

另一种用来击破城墙或城门的重要工具是攻城锤,主要由一根沉重的原木构成,有些会在木头末端加装金属或装在活动式的框架里,其上覆有坚实顶盖以便抵御敌军的箭矢。工兵可将整个结构移动到目标旁再将攻城锤往后拉,松手之后

描绘罗得岛围城战的 15 世纪插画：土耳其人最后成功将圣约翰修士团的势力由罗得岛拔除，但却无法将他们逐出马耳他岛

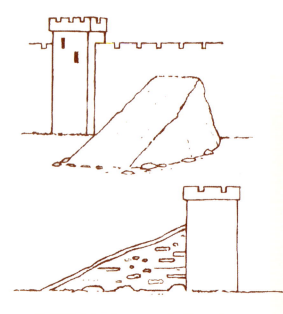

攀登城墙

所有军事行动中最困难的其中一项就属云梯攻城。攻城梯顶端通常装有可卡住城墙的钩子，一旦卡固再加上梯子上人员的重量就很难再松开，不过有时守军还是有办法将云梯推倒或是整把拉入城内之后击倒梯上的敌军。攻城方最先爬上云梯的士兵必须负责攀住城垛并支撑一段时间，让后方同袍来得及增援，但是爬上城墙只是攻城的第一个挑战，接下来守军仍然会千方百计击退任何在城墙上立足的士兵

建造滑坡

滑坡有时也可称为"土堤"，指的都是类似的攻城用结构。建造滑坡极为费时，但是筑成之后就可以借此轻易登上城垛，较低的滑坡也可用于增加云梯的高度便于攻上城墙。"滑坡"一词有时也可指称为了让攻城锤或攻城塔顺利靠近城墙而特别清理但还未垫高的区域

本身具有重量的攻城锤就会往前摆荡撞入目标物体，将城墙的石块撞落或是在重复撞击之下捣破城门。

由工兵抬起一根木头当作临时攻城锤重复撞击目标也能达到同样的效果，不过效率不佳而且工兵无所遮蔽，很容易就会遭到守军的箭弹攻击而无法持续攻击。

攻城锤有时可装在有轮子的木造攻城塔或冲击塔的下层。有了攻城塔就能由高处攻击城内守军或由上层平台发动攻击：在攻城塔坚固外壳的防护下，再加上塔上弓兵或轻型大炮的火力掩护，攻城部队甚至可以利用攻城塔正面装设的开合桥结构直接攻上城墙。

为了让攻城塔接近城墙或城门，必须尽可能填满所有护城河或壕沟或以不同方法在其上铺出过道，比如将成捆的束柴投入壕沟填满再铲土铺在上方，将土层压实之后就成了坚实的平面。

也可以用土堆筑出让攻城塔便于靠近城墙的滑坡，其高度还可以随着目标高低调整。堆筑工程艰辛且具有风险，但是完成之后就有望一举攻入城内。

另一种无所不在的攻城工具是可供士兵攀上城墙的云梯，通常由当地可取得的木材制成。虽然士兵在攀爬时极易遭到攻击，必须攻守军于不备或是仰仗己方的攻城器械和投射部队予以掩护。

以云梯攀爬攻城的风险很高，理想的状况是在攻城的同时对城墙、城门或塔楼也发动攻击，让守军无法专心对付任何一方的攻击，攻城部队就有机会在城墙上占住据点并巩固势力。只要有足够的兵力攻上城墙的任何一点就能以此为根据地推进，可以协助己方兵员接续攻上城墙甚至直接攻入要塞。

大型活动掩体

除了个别的活动掩体之外还有较大型的版本，可同时掩护多名弓兵从其后攻击或是遮护一群工兵，也有助于防护攻城器械以免两侧遭到攻击。这类大型活动掩体体积大而且笨重，很难用搬动的方式移位，因此下方装有小轮；要移位时弓兵就将掩体后方突出的支架当成握把将掩体推到定位。这类掩体虽然具有防护作用，但还是远远不及城中守军享有的防守优势

如果资源不足或是应用不当或者攻城步调混乱失序，就无可避免要承受重大伤亡。云梯数量不足时，不仅让守军得以集中精力对付攀上城墙的敌军，连挤在墙脚的攻城部队也成了最好的活靶子。

反抗与投降

即使一切进展顺利，攻城行动仍然需要耗费极高的成本，在攻陷城堡之后部队由于在攻城期间饱受折磨也很容易失控，认为进城之后烧杀掳掠是应享的权利，而历史上确实有几个时期的习俗是攻入城内的军队有权处决守军甚至全城军民，同时在城内大肆奸淫妇女、搜括财物。

因此这也是围城战时双方会协议投降的原因之一，背后的逻辑在于如果攻城部队已握有相当的胜算，守军就必须做出选择：投降就能维持双方的荣誉，如果不投降而与攻城方硬碰硬就必须接受城破的后果；这样的做法虽然与骑士精神相抵触，但在当时却是惯例。而军队攻陷城堡之后也难免会以奸淫掳掠的方式庆祝，在全军都被胜利冲昏头的状况下统帅几乎很难加以约束。

决定反抗的守军也有各种反攻城手段可以运用，大部分攻城器械通常防护周全，上面甚至覆有湿兽皮以防着火，但只要想办法将其毁去或将操作的工兵击杀就能解决。敌军使用攻城锤时也可以在遭到攻击的目标物放上整袋羊毛或类似材料作为缓冲，同时以投射武器攻击任何试图移除缓冲物的敌军。

对付攻城锤的另一个方法是利用末端附钩的长杆将其勾挑或掀翻，这种钩子也可以用来攻击敌军，将他们勾挑起来之后摔落或吊上城墙之后击杀。

守军也可以由上将热烫液体倒在敌军身上，倒热油或熔铅虽然很能激起无限想象，但实际上由于成本考虑所以很少使用，其实沸水的威胁就很足够了。有时候也可以倒沙子，尤其置于容器中加热过的沙子比水更能维持热度，而且沙粒落下时还能穿入盔甲的缝隙。

此幅版画描绘 1453 年奥斯曼土耳其人攻陷君士坦丁堡，拜占廷帝国末代皇帝君士坦丁十一世遇袭身亡的场景

防守城垛

弓兵、弩兵和手炮兵通常可由城墙上攻击，其目标在于尽量由远距离射击以避免和使用云梯、攻城锤和其他攻城器械的敌军近身对战。手炮不需要什么空间就能瞄准，只要将炮口从小洞中伸出即可射击，因此很适合在守城时使用。另外也能将手炮架在城墙上保持稳定以提升准确度，虽然射程短但足以攻击接近或想破坏城墙的敌军

攻击

如果围城部队在试过其他方法失败之后决定大举攻城，守军就必须尽力挽救遭到冲撞的城门和损毁的城墙同时以手持武器对抗敌军，而落入敌军掌握的城门或城墙区域如果无法夺回就会成为对方进入要塞的通道。

即使外层城墙沦陷，只要内层还有城墙就还有希望。很多城堡筑有将城堡区分隔为内城区和外城区的内墙，即使这些区域都被攻陷也能再退守主楼或堡内要塞，有些城堡内甚至设有多处要塞可供守军退入并据以顽抗。

主楼和城内要塞的入口很少会设在地面层，大部分都必须爬上一段阶梯之后才能到达主要入口，因此敌军很难利用攻城锤或其他攻城器械攻入。主楼和塔楼通常高于周围的幕墙，守军就能够由此射击外墙上或位于外墙以外的敌军。此外主楼也无法利用云梯攀上，是堡内难以攻克的最后避难场地。

然而困守主楼或堡内要塞的守军也已经没有退路，如果有充足的饮水和补给还能支持很长一段时间，但是没有援军前来的话还是死路一条。在很多场围城战中，虽然具有相当兵力的守军得以退守主楼，但最后仍以投降收场，因为敌方如果愿意提出合理的条件，那么也没有必要继续无谓抵抗。有时守军即使知道敌方可能不会太过仁慈也愿意投降，而负隅顽抗但仍遭攻陷确实是很大的打击。

情况通常不会演变至此，一般只有在不可能考虑投降时守军才会坚持到最后，比如已经知道投降也会被屠杀或是还有希望等到援兵前来，在求援无望时就会采取光荣投降。而围城部队多半等到没有别的选择时才会大举攻城，也许是因为

1147年大批骑士为了第二次十字军东征（1145—1149）与法王路易七世（Louis VII）和教宗尤金三世（Eugenius III）会面，这次十字军出征意外导致里斯本脱离伊斯兰势力掌控

有援军赶来、政治局势改变、寒冬将临或是营中爆发疫病,这些状况都可能导致围城部队的指挥官断定机会可一而不可再因而发动攻击。围城方几乎从来都不可能在最有利的状况下展开攻势,不过如果所有条件都对围城方有利,那么守军也早就识相投降了。

1570 年担任法国元帅的塔瓦纳(Tavannes)爵士将一国的城镇和要塞比喻成心脏和其他内脏,意即不论用围城或进攻都应攻下的重要据点。在战场上对战不管再怎么重要,通常都只是为了加速攻占城镇或为己方的据地解围,在战场上得胜之后表示可以进而攻击敌国的内脏或是防止敌人进攻,要等到攻陷要塞或是城堡守军投降交出城门钥匙才算是尘埃落定。决定国家命运的不是战场上的混乱厮杀,而是围城中的漫长消耗和攻城时的激烈争夺。

1147年的里斯本

从 8 世纪开始伊比利亚半岛的大部分区域就被来自北非的伊斯兰教徒所掌控,在之后数世纪之间也一直是伊斯兰教的重要根据地,由于北边残存的基督教势力推行"收复失地运动",因此许多区域皆筑有大型防御工事,而半岛上小规模的争斗连绵不断,有时两方甚至正式开战。

十字军出征涉及大规模的人员及物资运输,这幅 12 世纪的图画中描绘了以桨帆船载送人员

里斯本是富庶繁荣的大城，可想而知周围筑有厚重城墙防护，尽管如此还是有一大批十字军因为被说服而试图前去攻打。这支兵力原本由英国出发要前往圣地，当时正沿伊比利亚半岛岸边行驶，在某次上岸补给物资时当地的领袖前来拜会并建议他们攻击里斯本。

现已无法确知十字军为什么决定攻城，可能是基于宗教理由和该城的富庶，不过十字军出征途中另外插手他地事务的情况十分常见，也引起为数不少的战事，而其中多场战役和原本出兵为基督徒收复圣地的任务实则完全无关。

这批十字军联合当地的部队前进到靠近城墙的位置，虽然遭遇零星反击但还是就地扎营，围城战于是在1147年7月1日揭开序幕，不过一开始十字军的行动仅限于扎营，以及争论多名指挥官之间应该如何分配任务。

最后决议由来自盎格鲁-诺曼的十字军负责城西，法兰德斯人和日耳曼人负责城东，而当地的葡萄牙部队则驻扎在里斯本城的北边。这种大型城市不可能像城堡一样囤积粮食物资，所以确实有可能长期围困等到城内军民断粮之后不得不投降，不过十字军本来应该在往圣地的途中，因此有时间上的压力，而且很有可能有援军前来解围，于是十字军决定强攻里斯本，而城墙以外的

攻城武器与工兵部队

大型郊区就是他们的首要目标。十字军步兵在弓兵和弩兵的掩护下攻入郊区,伊斯兰守军退入城墙内,而这不过是围城战正式登场前的序曲。

城墙本身就是必须击倒的主要障碍物,十字军造好重力抛石机之后就开始攻击,而城内守军也利用轻型器械或派出兵力反击,其中几次反击成功,有一次反击时甚至顺利烧毁五架重力抛石机。不过重击城墙的攻势依旧维持不断。

十字军为了加速攻城不惜直接攻击,他们造了高度足以直接攻击城墙最上方的攻城塔,但要推动时却因为地面不够坚实而动弹不得,守军将炮口转向攻城塔并在四天之后将之击毁。十字军又造了第二座攻城塔,而这次的攻城塔顺利抵达墙边。他们如果花一些时间堆筑适当的滑坡供攻城塔通行也许会比较成功,但在时间紧凑之下只想走快捷方式,

里斯本城堡具雉堞的塔楼现状;很多已有数百年历史的城堡要塞至今仍屹立不倒,可见其构造坚固无比

伊比利亚半岛落入伊斯兰教的势力范围已有数百年之久,因此葡萄牙国王阿方索一世(Alfonso Ⅰ,1094—1195)义不容辞地响应收复失地运动

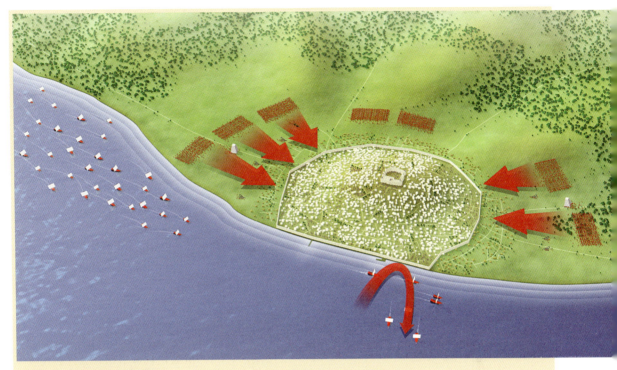

1147 年里斯本围城战

十字军出征途中常因外务而分心，而攻击穆斯林控制的里斯本就是典型的例子。里斯本的防御设施绝佳而且守军坚毅不屈，因此围城战持续许久，在十字军多次攻城未果之后，最终以守军投降告终

于是战事进展大致如前，城墙在炮火之下仍旧屹立。很多葡萄牙士兵甚至已经回家收割，看起来十字军此役注定落败了。然而地下还有一场战争在进行：与多石的土地奋战之下，十字军慢慢挖出通往城墙的地道，虽然大部分的地道都被守军侦测到并遭到阻截，但是到了10月16日终于成功在城墙下方挖凿好一个大坑。

十字军放火烧毁用来支撑大坑的木架，坑顶塌陷之后一部分城墙也随之崩坍，十字军大举冲入但遭到守军反击，两军在城墙的破洞处僵持不下，而守军也很快堆起材料挡住破洞。

十字军又造了另一座攻城塔准备强攻，这座攻城塔的构造更为完备，设有活动掩体可以保护待在塔内和推动攻城塔的士兵，这座塔在10月20日顺利运抵城墙边。但是还来不及让攻城塔发挥威力，十字军发现这次的计划有个致命伤——涨潮时潮水会淹入攻城塔。

守军于10月21日开始攻击攻城塔，同时炮口也对准这座塔，双方以攻城塔为中心争战长达36小时之后由十字军获胜。已经支撑超过四个月的守军军心开始溃散，几乎陷入绝望的境地。

当时十字军可能是刻意向守军示威，或者只是预作准备以防要在围城阵地中过冬，他们将船停靠在岸边然后收起桅杆和船帆，而守军意会到十字军不可能中途放弃前往圣地之后士气更为低落。最后的打击是外部传来不会有援军的消息，虽然信差在途中被十字军擒获，不过他们得知消息内容之后就很明智地放信差进城。守军在10月21日得知没有援军的消息，面对城墙外的攻城塔和明显不达目的绝不放弃攻城的敌军，于是决定与十字军谈判。这刚好符合十字军的需求，因为按照原订计划他们早就该到圣地了。双方协商的结果是十字军不会伤害投降的守军，也不会洗劫里斯本。不幸的是出现了城内藏有大量金银财宝的谣言，还谣传十字军首领会自行瓜分这些财宝、不会分给士兵，于是为了这些子虚乌有的宝藏，十字军士兵开始大肆搜括、派系之间自相残杀，到最后里斯本还是难逃一劫。

参考文献

Asbridge, Thomas S. The First Crusade: A New History. New York: Oxford University Press, 2004.

Aubrey, B. God's Heretics. Stroud: Sutton Publishing Ltd, 2002.

Bennett, Matthew & Hooper, Nicholas. Cambridge Illustrated Atlas. 'Warfare: The Middle Ages 768?1487'. Cambridge: Cambridge University Press, 1996.

Bennett, Matthew. 'The Development of Battle Tactics in the Hundred Years War' in Arms, Armies and Fortifications in the Hundred Years War, ed. Anne Curry and Michael Hughes. Woodbridge, Suffolk: The Boydell Press, 1994.

Boardman, Andrew W. The Medieval Soldier in the Wars of the Roses. Stroud: Sutton Publishing Ltd, 1998.

Boss, Roy. Justinian's Wars: Belisarius, Narses and the Reconquest of the West. Stockport: Montvert Publications, 1993.

Bradbury, Jim. Philip Augustus, King of France 1180-1223. Harlow: Addison Wesley Longman Ltd., 1998.

Bradbury, Jim. The Medieval Siege. Woodbridge, Suffolk: The Boydell Press, 1992.

Bradbury, Jim. The Routledge Companion to Medieval Warfare. London: Routledge, Taylor and Francis Group, 2004.

Brown, R. Allen, ed. Castles, A History and Guide. Poole: Blandford Press, 1980.

Brown, R. Allen. English Castles. 3rd edn. London: B. T. Batsford Ltd, 1976.

Burl, Aubrey. God's Heretics. Sutton, UK: Stroud, 2002.

Burne, Alfred H. The Agincourt War: A Military History of the Latter Part of the Hundred Years War from 1369 to 1453. London: Eyre and Spottiswoode, 1956.

Burne, Alfred H. The Crecy War: A Military History of the Hundred Years War from 1337 to the Peace of Bretigny, 1360. London: Eyre and Spottiswoode, 1955.

Contamine, Philippe. War in the Middle Ages. Trans. M. Jones. Oxford: Basil Blackwell, 1984.

Cowper, Marcus. Cathar Castles. Oxford: Osprey Publishing Ltd, 2006.

Delbruck, H. History of the Art of War III: Medieval Warfare. Lincoln: University of Nebraska Press, 1990.

DeVries, Kelly. A Cumulative Bibliography of Medieval Military History and Technology. History of Warfare, 8. Leiden: Brill, 2002 (update 2005).

DeVries, Kelly. Infantry Warfare in the Early Fourteenth Century: Discipline, Tactics, and Technology. Woodbridge, Suffolk: The Boydell Press, 1996.

DeVries, Kelly. Medieval Military Technology. Peterborough: Broadview Press, 1992.

Forey, Alan. The Military Orders: From the Twelfth to the Early Fourteenth Centuries. Toronto: University of Toronto Press, 1992.

France, John. Victory in the East: A Military History of the First Crusade. Cambridge: Cambridge University Press, 1994.

France, John. Western Warfare in the Age of the Crusades, 1000-1300. Ithaca: Cornell University Press, 1999.

Friel, Ian. The Good Ship: Ships, Shipbuilding and Technology in England 1200-1520. Baltimore: Johns Hopkins University Press, 1995.

Gardiner, Robert, ed. The Age of the Galley. London: Conway Maritime Press, 1995.

Gardiner, Robert. Cogs, Caravels and Galleons: The Sailing Ship, 1000-1650. London: Conway Maritime Press, 1994.

Garmonsway, G.N. The Anglo Saxon Chronicle. London: J. M. Dent & Sons, 1975.

Gillmor, C. M. 'The Introduction of the Traction Trebuchet into the Latin West', Viator, xii, 1981, pp.1-8.

Gravett, C. English Medieval Knight 1300-1400. Oxford: Osprey Publishing, 2002.

Haldon, John. Warfare, State and Society in the Byzantine World, 565-1204. London: UCL Press, 1999.

Hattendorf, John B., and Richard W. Unger, eds. War at Sea in the Middle Ages and the Renaissance. Woodbridge, Suffolk: The Boydell Press, 2003.

Heath, Ian. Armies of the Middle Ages, Vol 1. London: The Wargames Research Group, 1982.

Heath, Ian. Armies of the Middle Ages, Vol 2. London: The Wargames Research Group, 1984.

Heath, Ian. Armies of Feudal Europe 1066-1300. London: The Wargames Research Group. 1978.

Houseley, Norman. Crusading and Warfare in Medieval and Renaissance Europe. Aldershot: Ashgate Variorum, 2001.

Hutchinson, Gillian. Medieval Ships and Shipping. Rutherford: Fairleigh Dickinson University Press, 1994.

Jenkins, R.P. 'A Second Agincourt', Miniature Wargames magazine No 3. London: Conflict Publications, 1983.

Kaeuper, Richard W. Chivalry and Violence in Medieval Europe. Oxford: Oxford University Press, 1999.

Keen, Maurice, ed. Medieval Warfare: A History. Oxford: Oxford University Press, 1999.

Keen, Maurice. The Laws of War in the Late Middle Ages. London: Routledge and Kegan Paul, 1965.

Kennedy, Hugh. The Armies of the Caliphs: Military and Society in the Early Islamic State. London: Routledge, 2001.

Kenyon, John R. Medieval Fortifications. New York: St. Martin's Press, 1990.

Mallett, Michael. Mercenaries and their Masters: Warfare in Renaissance Italy. Totowa: Rowman and Littlefield, 1974.

Marshall, Christopher. Warfare in the Latin East, 1192-1291. Cambridge: Cambridge University Press, 1992.

Miller, Douglas. The Swiss at War 1300-1500. Oxford: Osprey Publishing, 1979.

Newark, Tim, Medieval Warlords, Poole. UK: Blandford Press, 1987.

Nicolle, David C. Arms & Armour of the Crusading Era, 1050-1350. London: Greenhill Books, 1998.

Nicolle, David C. Medieval Siege Weapons (1). Oxford: Osprey Publishing, 2002.

Nicolle, David C. Medieval Warfare Source Book. Vol. 1: Warfare in Western Christendom. London: Brockhampton Press, 1995.

Nicolle, David C. Medieval Warfare Source Book. Vol. 2: Christian Europe and its Neighbours. London: Brockhampton Press, 1996.

Nicholson, Helen. Medieval Warfare: Theory and Practice of War in Europe, 300-1500. Houndmills: Palgrave Macmillan, 2004.

Oman, Sir Charles. A History of the Art of War in the Middle Ages 378-1485 (2 vols.) London: Greenhill Books, 1991.

Prestwich, Michael. Armies and Warfare in the Middle Ages: The English Experience. New Haven: Yale University Press, 1996.

Pryor, John H. Commerce, Shipping and Naval Warfare in the Medieval Mediterranean. London: Variorum Reprints, 1987.

Queller, Donald E. The Fourth Crusade: The Conquest of Constantinople, 1201-1204. Philadelphia: University of Pennsylvania Press, 1977.

Robson, Brian. The Road To Kabul. Staplehurst, Kent: Spellmount, 2003.

Rodger, N.A.M. The Safeguard of the Sea: A Naval History of Great Britain. Vol 1: 660-1649. London: Harper Collins, 1997.

Rogers, R. Latin Siege Warfare in the Twelfth Century. Oxford: Clarendon Press, 1992.

Runciman, Steven. The Fall of Constantinople, 1453. Cambridge: Cambridge University Press, 1965.

Smail, R.C. Crusading Warfare (1097-1193). Cambridge: Cambridge University Press, 1956.

Strickland, Matthew. War and Chivalry: The Conduct and Perception of War in England and Normandy, 1066-1217. Cambridge: Cambridge University Press, 1996.

Strickland, Matthew. Anglo-Norman Warfare: Studies in Late Anglo-Saxon and Anglo-Norman Military Organization and Warfare. Woodbridge, Suffolk: The Boydell Press, 1992.

Sumption, Jonathan. The Hundred Years War. Vol. 1: Trial by Battle. Philadelphia: University of Pennsylvania Press, 1990.

Turnbull, Stephen. Mongol Warrior 1200-1350. Oxford: Osprey Publishing, 2003.

Turnbull, Stephen. The Hussite Wars 1419-36. Oxford: Osprey Publishing, 2004.

Tzu, Sun. The Art of War. London: Oxford University Press, 1963.

Vale, Malcolm. War and Chivalry: Warfare and Aristocratic Culture in England, France and Burgundy at the End of the Middle Ages. Athens, Georgia: University of Georgia Press, 1981.

Verbruggen, J.F. The Art of Warfare in Western Europe during the Middle Ages. Woodbridge, Suffolk: The Boydell Press, 1997.